Nombres para Bebé

Guía práctica y moderna de nombres populares.

*Descubra el origen y significado
de más de 2,300 nombres y 5,000 variantes.*

Zintli H. Aramíz

Aimee SBP™
Aimee Spanish Books Publisher
www.AimeeSBP.com
1(888) AIMEE 41   1(888) 246-3341

Aimee SBP™

Aimee Spanish Books Publisher
www.AimeeSBP.com
1(888) AIMEE 41   1(888) 246-3341

ISBN-13 978-1483935522
ISBN-10 1483935523

Nombres para Bebé *Zintli H. Aramíz*

Printed in the USA

Nombres

Femeninos

ABIGAIL (Hebreo) Fuente de alegría o la alegría de su padre; En la Biblia fue una de las esposas del rey David. *Abagael, Abagail, Abagale, Abageal, Abagil, Abaigael, Abba, Abbe, Abbee, Abbegail, Abbegale, Abbey, Abbi, Abbie, Abbigael, Abbigail, Abbigale, Abbigayle, Abby, Abbye, Abbygael, Abbygail, Abbygal.*

ABIL (Maya) Nieta.

ACACITLI (Nahuatl) Libre de las aguas.

ADA (Hebreo) Belleza; La que irradia alegría. *Adan, Adaya, Adda, Addi, Addiah, Addie, Addy, Ade, Adey, Adi, Adia, Adiah, Adie, Aida, Aidah, Auda.*

ADALIA (Persa) Aquella que es noble. *Adal, Adala, Adalea, Adaleah, Adalee, Adalene, Adali, Adalie, Adalley, Adalya, Addal.*

ADDISON (Inglés) La hija de Adam. *Adison, Addisson, Addis, Addeson, Addyson.*

ADELA (Germano) La reina madre; Doncella de gran nobleza. *Adell Adalene, Adalia, Adalie, Adalina, Adaline, Adallina, Adalyn, Addie, Adelae, Adele, Adelena, Adelia, Adeliana, Adelina, Adelind, Adelita, Adella, Adellah.*

ADELAIDE (Germano) Princesa noble. *Ada, Adalaide, Adalayde, Adalena, Adalheid, Adalin, Adaline, Adalyn, Addala, Addalla, Adde, Addey, Addi, Addie, Addy, Adel, Adela, Adelade, Adelaid, Adelaida, Adelais, Adelajda, Adele, Adelei, Adelheid.*

ADELIA (Germano) Noble; Reina madre; Madre de princesa. *Adal, Adala, Adalee, Adali, Adalie, Adalley, Addal, Adala.*

ADELINA (Germano) Amiga noble; Que da paz; De noble cuna. *Adalene, Adalina, Adaline, Adallina, Adalyn, Addie, Adelind, Adella, Adellah, Adelynn, Adilene.*

ADELMA (Germano) La que ama; La que encuentra en el amor a sí misma; Protectora del necesitado.

ADIA (Suahili) Regalo de Dios.

ADINA (Hebreo) Delicada; Fina. *Adyna, Adinna, Adinah, Adiana, Adeana.*

ADRIANA (Griego) Que tiene un coraje temible. *Adra, Adrea, Adreanna, Adreea, Adria, Adriah, Adrianah, Adriane, Adrianna, Adriannah, Adrianne, Adrie, Adrielle, Adrien, Adriena, Adrienah, Adrienna, Adrienne, Adrina, Adryana, Aydrian.45*

AFRODITA (Griego) Nacida del mar o diosa del amor.

AGAPITA (Griego) La que es muy amada y querida.

AGATA (Griego) Bondadosa, sublime y virtuosa; Nombre alusivo a la piedra preciosa. *Aagje, Ag, Agace, Agacia, Agafia, Agafiya, Agafon, Agapet, Agapit, Agatah, Agatha, Agathe, Agathi, Agatta, Agetha, Aggi, Aggie, Aggy, Aggye, Agi, Agie.*

AGNES (Griego) La que es casta y pura; Hace referencia al cordero de Dios. *Ag, Agafi, Agafia, Agafon, Aggi, Aggie, Aggy, Aggye, Aghna, Agi, Agie, Agna, Agnah, Agneis, Agnella, Agnellah, Agnelle, Agnese, Agness, Agnessa, Agnesse.*

AGOSTINA (Latín) Majestuosa.

AGUSTINA (Latín) Majestuosa; La que merece veneración; Consagrada por los augures. *Agostina, Agusta, Asta, August, Augusta, Auguste, Augustia, Augustina, Augustine, Augustyna, Augustyne, Austina, Austine, Austyna, Gus, Gusta, Tina.*

AIDA (Italiano) De familia, Noble distinguida; Dirigente. *Aeeda, Aidah, Aidan, Aide, Aidee, Ayeeda, Ieeda, Iyeeda.*

AIDE/AIDEE (Griego) Recatada; Seria. *Aide, Haydée.*

AILEEN (Irlandés) Luz. *Aila, Ailee, Aileene, Ailene, Ailey, Ailli, Ailie, Aillin, Ailyn, Aleen, Alene, Aline, Alleen, Allene, Alline, Eileen, Eleen, Elleen.*

AIMARA (Mapuche) Población andina.

AIMEE (Galés) Amor; Persona amada. *Aimie, Aimey, Amey, Aime, Ayme, Amie, Amy.*

AISHA (Árabe) Mujer. *Aaisha, Aaishah, Aayshah, Aeesha, Aeeshah, Aeisha, Aesha, Aeshah, Aeshah, Aiesha, Aieshah, Aisa, Aischa, Aishah, Aishatu, Aishia, Aisia, Aisiah, Aiysha, Asha, Ashah.*

ALAINE (Alemán viejo) Preciosa. *Alaina, Alane, Alayna, Alayne, Alaynna, Aleine, Alenne, Aleyne, Allaine, Allayne, Alleen, Alleine.*

ALANA (Celta) La reina de todos; Armonía. *Alaina, Alaine, Alanah, Alane, Alani, Alanis, Alanna, Alannah, Alawna, Alayne, Aléne, Aleyna, Aleynah, Aleyne, Alie, Allana, Alleen, Allena, Allene, Alleynah, Alleyne, Allina, Allinah.*

ALANI (Hawaiano) Arbol de naranjas. *Alanie, Alania, Alaini.*

ALBA/ALVA (Latín) Amanecer; De piel blanca; Pura; Radiante. *Albane, Albani, Albia, Albina, Albine, Albinia, Albinka, Alby, Alva, Elba.*

ALBERTA /ALBERTINA (Alemán) Aquella que es noble y brillante, belleza brillante; Ilustre. *Albertha, Al, Alberthine, Albertina, Albertine, Alverta, Auberta, Auberte, Aubertha, Auberthe, Aubine, Bert, Berta, Bertha, Berte, Berti, Bertie, Berty, Elberta, Elbertha, Elberthina, Elberthine, Elbertina, Elbertine.*

ALDA (Germano) La más bella; Sabia o conocedora. *Aldabella, Aldana, Aldara, Aldea, Aldene, Aldina, Aldine, Aldona, Aleda, Alida.*

ALEEZA (Hebreo) Regocijo. *Alitza, Aliza Aleezah, Alieza, Aliezah, Alizah.*

ALEGRA/ALLEGRA (Latín) Vivaz; Contenta. *Alegría, Alegrya, Allegretta, Allegra Allegria, Allie, Legra, Leggra.*

ALEJANDRA/ALEJANDRINA (Griego) Protectora de hombres. *Alejandria, Alejandrea.*

ALESIA (Griego) La defensora. *Alessia.*

ALESSANDRA (Griego) La que cuida. *Allessandra, Allesandra.*

ALEXANDRA/ALEXIA (Griego) Aquella que protege. *Alandra, Alastrina, Alastriona, Alejanda, Alejandra, Alejandrina, Aleixa, Aleka, Alekanederina, Aleki, Aleksa, Aleksandra, Alesandare, Alesandere, Alessanda, Alessandra, Alessandre, Alessandrina, Alessandrine, Alessia, Alex, Alexa, Alexanda, Alexanderia, Alexanderine, Alexandre, Alexandrea, Alexandreana, Alexandrena, Alexandrene, Alexandretta, Alexandria, Alexandrina, Alexandrine, Alexea, Alexxa, Alexena, Alexene, Alexi, Alexia, Alexie, Alexina, Alexine, Alexis, Alexsandra, Alexssa, Ali, Alie, Alissandre, Alissandrine, Alista, Alix, Alixandra, Alixandria, Alla, Lexa, Allejandra, Allejandrina, Allessa, Allessandra, Alle, Allexa, Allexandra, Allexandrina, Allexina, Allexine, Alli, Allie, Allix, Ally, Alyxa, Alyxandra.*

ALFA (Griego) N.U. Simboliza el principio de todo.

ALFONSA (Germano) Noble y lista para combatir. *Alfonsia, Alonza, Alfonsina, Alphonsine.*

ALFREDA (Inglés) La que da sabios consejos. *Alfi, Alfie, Alfre, Alfredah, Alfredda, Alfredia, Alfreeda, Alfri, Alfried, Alfrieda, Alfryda, Alfy, Allfie, Allfreda, Allfredah, Allfredda, Allfrie, Allfrieda, Allfry, Allfryda, Allfy, Allie, Elfie, Elfre, Elfrea, Elfredah.*

ALI (Árabe) N.U. Elevada o superior; Excelsa; Noble. *Aly, Allea, Ally, Alli.*

ALICE/ALICIA (Alemán viejo) Noble; De naturaleza exaltada. De extraordinaria belleza. Noble alegría; Sincera. *Allis, Ala, Alais, Alaisa, Aleceea, Alecia, Aleece, Aleethia, Ali, Alica, Alicah, Alicea, Alicen, Alicia, Alie, Alika, Alis, Alisa, Alisah, Alisan, Alisann, Alisanne, Alise, Alisha, Alison, Alissa, Alisz, Alitheea, Alitia, Aliz, Alla, Allecia, Alleece, Alleece.*

ALISA/ALYSSA (Hebreo) Gran felicidad. *Alisah, Alise, Alissa, Alissah, Aliza, Allisa, Allisah, Allissa, Allissah, Allysa, Allysah, Alyssa.*

ALISSON (Germano) Persona noble. *Aili, Alie, Alisann, Alisanne, Alisoun, Alisun, Allcen, Allcenne, Allicen, Allicenne, Allie, Allisann, Allisanne, Allison*

ALIYAH (Hebreo) La que asciende; Que se levanta. *Aaliya, Aaliyah, Alea, Aleah, Aleana, Aleea, Aleeyah, Alia, Aliah, Aliya, Aliye, Allia, Alliah.*

ALMA (Latín) De corazón cálido; Bondadosa y gentil; De espíritu vivificador. *Almah, Allma.*

ALMIRA (Latín) A la que se admira; Elevada al rango de princesa. *Allmeera, Allmeria, Allmira, Almeera, Almeeria, Almeria, Almire, Almirah, Almyra.*

ALTA/ALTAGRACIA (Latín) Elevada. Elevadamente agraciada. *Allagracia, Altagrazia.*

ALTAIRA (Árabe) Estrella integrante de la constelación del Aguila.

ALTHEA (Griego) Hierba que sana o cura; En mitología griega fue la madre de Meleager. *Altha, Althaea, Althaia, Altheda, Althelia, Althia, Eltha, Elthea.*

AMA (Germano) Trabajadora; Enérgica. *Amma*

AMABEL (Latín) Amorosa. *Ama, Amabelle, Bel, Belle, Mab, Mabel.*

AMADA (Latín) La que es adorada y querida; Divinidad amada. *Amadea, Amadia, Amadita, Amata, Amad.*

AMAIA (Vasco) Fin.

AMALIA/AMELIA (Árabe) Abeja del hogar; Mujer trabajadora o activa. *Aemelia, Ahmalia, Aimiliona, Amalea, Amalee, Amaleta, Amalie, Amalija, Amalina, Amaline, Amalita, Amaliya, Amaly, Amalya, Amalyna, Amalyne, Amalyta, Ameila, Amelie, Amelina, Ameline, Ameliya, Amelyne, Amelyta, Amilia.*

AMALINALLI (Azteca) Agua de flor.

AMANDA (Latín) Siempre amada; Digna de amor. *Amada, Amandah, Amandi, Amandie, Amandine, Amandy, Amata, Demanda, Manda, Mandaline, Mandee, Mandi, Mandie, Mando, Mandy.*

AMANI (Árabe) N.U. Creyente.

AMARILIS (Griego) La que brilla. *Amaryllis.*

AMARIS (Hebreo) La gran promesa de Dios. *Amarys, Amarissa, Amariah, Amarit, Maris.*

AMATISTA (Latín) Piedra preciosa.

AMAYA (Vasco) Principio del fin; La hija muy querida.

AMBAR (Latín) Piedra preciosa. *Amber, Ambereen, Amberetta, Amberia, Amberly, Ambria.*

AMBERLY Comb. de Amber y Kimberly. *Ambarlie, Amberely, Amberlea, Amberlee, Amberleight, Amberley, Amberli, Amberlie, Amberly.*

AMBROSIA (Griego) Que es inmortal. *Ambrosine, Ambrosina, Ambrosinetta, Ambrosinette, Ambrosiya, Ambrozetta, Ambrozia, Ambrozine.*

AMÉRICA (Latín) De América. *Americana, Amerika.*

AMI/AMY (Francés) Amada. Amor. *Aimée, Aimee, Aimie, Aimy, Amé, Amee, Amecia, Ami, Amia, Amiah, Amice, Amie, Amiee, Amil, Ammie, Amye, Aymee, Aymi.*

AMIRA (Árabe) La princesa. *Ameera, Ameerah, Amera, Amerah, Amirah, Amyra, Amyrah, Meera, Meerah, Mera, Merah, Mira, Mirah.*

AMPARO (Latín) Escudo; La que da protección y amparo.

ANA (Hebreo) Gracia de Dios; Graciosa; Bendita. En la Biblia fue la madre de Samuel. *Aaniyah, Analee, Analeigh, Analena, Anja, Anka, Annet, Annetta, Annette.*

ANABEL (Escocés) Amable; Amada. *Anabella, Anabelle, Anabele, Anabela, Annabal, Annabelinda, Annabel, Annabell, Annabella, Annabelle.*

ANAHÍ (Guaraní) La flor del ceibo.

ANASTASIA (Griego) La que renace a una nueva vida. *Anastacia, Anastaise, Anastascia, Anastase, Anastasha, Anastashia, Anastasie, Anastasija, Anastasiya, Anastassia, Anastassya, Anastasya, Anastatia, Anastay, Anastaysia, Anastazia, Anasztaizia, Anasztasia, Anestassia, Annastasia, Anstass.*

ANDANI (Tarasco) N.U. La que por sus buenas obras obtiene éxitos.

ANDREA (Griego) Valiente y hermosa. *Aindrea, Ande, Andee, Andera, Andere, Anderea, Andi, Andie, Andra, Andre, Andrean, Andria, Andreah, Andreas, Andrée, Andree, Andreea, Andrel, Andrena, Andrene, Andreya, Andri, Andria, Andy, Aondrea, Aundrea, Drea.*

ANDROMEDA (Griego) La rescatada; En mitología es la hija de Casiopea rescatada por Perseo.

ÁNGEL/ÁNGELA (Latín) La que lleva el mensaje de Dios. *Aingeal, Andjelija, Andjelka, Ange, Angel, Angele, Angelee, Angelena, Angelene, Angeles, Angell,* *Angella, Angelle, Angellina, Angelyn, Angelynn, Angie, Angil, Angila, Angla, Anglea, Angy, Angyola, Aniela, Anjel, Anjela, Anjewela, Anngela, Anngil, Anngilla, Anngiola, Annijilla, Annjela.*

ANGÉLES (Griego) Enviada de Dios; Mensajera celeste; Buena.

ANGELICA (Latín) Como un ángel; Enviada del cielo; Angelical; Posee los atributos de un ángel. *Angelika, Angeliki, Angelique, Angyalka, Anjelica, Anjelika, Anjelique.*

ANGELINA (Griego) Niña pura; Mensajera. *Angeliana, Angelene, Angelena, Angeleen, Angalina, Angalena.*

ANITA (Español) Originalmente fue una forma de Ana y Anne. *Aneeta, Aneta, Anitia, Anitra, Annida, Annita, Annitra, Annitta, Laanita, Lanita, Nenita, Nita.*

ANN/ANNA (Hebreo) Favorecida con la gracia de Dios. Nombre favorecido por la realeza en diversos países por siglos. *Aine, Ana, Anci, Anelie, Anet, Anh, Ania, Anne, Anna, Anni, Annie.*

ANNALISA (Latín) Agraciado con la generosidad de Dios. Comb. de Anna y Lisa. *Analeisa, Analicia, Analiesa, Analiese, Analisa, Analise, Analisia, Analissa, Analyssa, Anelisa, Anelise, Annaleisa, Annalie, Annaliesa, Annaliese, Annalise, Annalissa, Annelie, Anneliese, Annelisa, Annelise.*

ANNETTE (Francés) Comb. de Annetta y Agnes. *Anet, Anett, Anetta, Anette, Annett, Annetta, Annettchen, Nettie.*

ANTONELLA (Latín) Flor.

ANTONIA/ANTONIETA (Latín) Hermosa como una flor; Llena de gracia; La defensora. *Antania, Anteunette, Anthonia, Antinia, Antionette, Antoinetta, Antoinette, Antona, Antonella, Antonetta, Antonette, Antonie, Antonietta, Antonina, Antonine, Antonique, Antonisha,*

Antoniya, Antonnette, Antonnia, Antonya, Antoña.

ANUNCIACIÓN (Latín) Mensajera; Evocación a la fiesta de la anunciación de la Virgen María.

APOLONIA (Griego) En mitología fue el dios griego del sol, la música y la poesía. *Abbeline, Abbelina, Apolena, Apolline, Appoline, Appolinia, Apollinia, Apollyne, Apollonia, Appolonia.*

APRIL (Latín) Aquella que abre; Nombre de un mes; Usado frecuentemente para simbolizar la primavera. *Abril, Aipril, Aprilete, Aprill, Aprille, Apryl, Apryll, Averel, Averell, Averil, Averill, Averyl, Averyll, Averylle, Avril, Avrill.*

ARABEL/ARABELLA (Latín) Altar hermoso; Digna. *Arebela, Arabela, Arabele, Arabelle, Arbela, Arbell, Arbella.*

ARA/ARACELI (Latín) Altar del cielo. *Arayah, Araya, Arah, Arae, Aira, Aracele, Aracelia, Aracelis, Aracelli, Aracely, Araseli, Arasely, Arceli, Arcelia, Arcilla, Aricela, Ariceli, Aricelly.*

ARAMIS (Francés) N.U. Nombre de uno de los tres mosqueteros en literatura. *Aramys, Airamis.*

ARCELIA (Latín) Pequeño cofre con tesoros.

ARELLA/ARELLYS (Hebreo) Ángel mensajero. *Orelle, Orella, Arelle, Arela.*

ARETHA (Griego) Excelencia; Justa. *Areta, Arete, Arethusa, Aretina, Aretta, Arette, Arletha, Laretha, Oreta, Oretha, Oretta, Orette, Reatha, Retha.*

ARIADNA/ ARIADNE (Griego) De dulce canto; La muy santa; En mitología es la hija del rey Minos de la isla de Creta. *Arene, Aria, Ariadna, Ariana, Ariane, Arianie, Arianna, Arianne, Ariette, Aryana, Aryane, Aryanie, Aryanna, Aryanne.*

ARIANA (Griego) La que es honesta y santa; No se doblega. *Aryanne, Aryann, Aryane, Ariena, Airiana, Ahrianna, Ahriana, Ariane.*

ARIEL (Hebreo) N.U. Pequeña leona de Dios. *Aeriel, Aeriela, Aeriell, Arie, Ariela, Ariele, Ariell, Ariella, Arielle, Ariellel, Ariellia.*

ARIES (Griego) N.U. Ares era el Dios de la guerra. *Ariez, Arie, Ares.*

ARISTA (Griego) La mejor. *Aristella, Aristelle.*

ARMANI (Hebreo) N.U. Fortaleza; Meta. *Armony, Armonio, Armoni, Armann, Arman, Armanii, Armanee.*

ARMINA/ARMINIA (Alemán viejo) Soldado. *Armantine, Armeena, Armine, Arminie, Armyne, Erminia, Erminie.*

ARTEMISA (Griego) Diosa de la caza del día y de la noche.

ASCENSION (Latín) Ascender; Evocación a la fiesta de la ascensión de Jesucristo a los cielos.

ASHANTI (Africano) Cantante; Voz dulce; De la tribu africana Ashanti donde la mujer reina. *Asante, Ashanta, Ashantae, Ashantay, Ashante, Ashantee, Ashaunta, Ashaunte, Ashauntee, Ashaunti, Ashuntae, Shantee, Shanti, Shauntae, Shauntee.*

ASHLEY (Inglés) Habitantes de los bosques de fresnos; Pradera. *Ainslaeigh, Aishlee, Ashala, Ashalee, Ashalei, Ashaley, Ashelei, Asheleigh, Asheley, Ashely, Ashile, Ashla, Ashlan, Ashlay, Ashle, Ashlea, Ashleah, Ashlee, Ashlei, Ashleigh, Ashlen, Ashleye, Ashli, Ashlie, Ashly, Ashlye, Lee.*

ASIA (Griego) Resurrección. *Ayzia, Aysia, Asya, Asianae, Asian, Asiah, Aisian, Aisia, Ahsia.*

ASTRID (Nórdico) Fuerza de Dios. *Assa, Assi, Asta, Astra, Astri, Astrida, Astride, Astrik, Astrud, Astryr, Atti, Estrid.*

ASUNCION (Latín) Elevación; La que fue llevada a los cielos.

ATENA /ATENEA (Griego) Diosa de la Sabiduría, Diosa protectora de los atenienses. *Athena,Athenea, Atenas.*

AUTREY/AVERIL (Alemán viejo) Duende; Ser supernatural; Poder. Según la mitología alemana Aubrey fue el nombre del rey de los duendes. *Aubary, Aubery, Aubre, Aubree, Aubreigh, Aubrette, Aubri, Aubriana, Aubrianne, Aubrie, Aubry, Aubury.*

AUDREY (Anglosajón) Representa a la nobleza. *Adrey, Audelia, Audene, Audessa, Audey, Audi, Audie, Audra, Audray, Audrea, Audree, Audreen, Audri, Audria, Audrie, Audrielle, Audrin, Audrina, Audris, Audry, Audrye.*

AUGUSTA (Latín) Sagrada; Divina; Que infunde respeto y veneración. *Agustina.*

AURA/AURE/AUREA (Latín) Dorada; Soplo; Brisa. *Aure, Aurea, Auria, Auriana, Ora, Oria.*

AURELIA (Latín) Que precede al sol; Del color y valor del oro; La estrella dorada o luminosa. *Arela, Areli, Arelie, Arella, Arely, Aural, Auralia, Aurea, Aurel, Aureliana, Aurélie, Aurelina, Aurellia, Aurene, Auriel, Auriella, Aurielle, Auristela, Orelia.*

AURORA (Latín) Resplandeciente y brillante como el amanecer; La diosa del alba. *Aurea, Aurore, Ora, Ori, Orie.*

AYLA (Hebreo) Arbol de avena.

AYLEN (Mapuche) La que es como la brasa; Brasita.

AYMARA (Indígena) Población y lengua del sur andino.

AZALEA (Latín) Arbusto de hermosas flores; Tierra seca; Flor del desierto. *Azalia, Azaleia.*

AZUCENA (Árabe) Pura como el lirio; Madre admirable. *Azusa, Asucena,*

Asusena, Ayscena, Azusayna, Azusena, Azuzena.

BABY (Americano) Bebé. *Babe, Babby.*

BAILEY (Inglés) Alguacil. *Baeley, Bailee, Bailei, Baileigh, Bailie, Bailley, Baillie, Baily, Baleigh, Balley, Bayla, Baylee, Bayleigh, Bayley, Baylie, Bayly.*

BARBARA (Griego) Doncella extranjera. *Barabara, Barb, Barbar, Barbarella, Barbarita, Barbee, Barbera, Barbey, Barbi, Barbie, Barbora, Barborah, Barbra, Barby, Varvara.*

BASILIA (Griego) Gobernante; Reina. *Baseele, Baseelia, Baseelle, Bazeele, Bazeelia, Bazeelle, Basile, Basilie, Basille, Bazile, Bazille, Bazilla.*

BATHSHEBA (Hebreo) Hija del juramento; En la Biblia fue la amante y después esposa del rey David. *Bathseva, Bathshua, Batsheba, Batsheva, Batshua, Batya, Bethsabee, Bethsheba, Sheba, Sheva.*

BEATRIZ (Latín) La que trae la alegría; La que da placer y felicidad. *Bea, Beah, Beatie, Beatrica, Beatrice, Beatris, Beatrisa, Beatriss, Beatrix, Beattie, Bebe, Bee, Beea, Beeatrice, Beeatris, Beeatrisa, Beeatriss, Beeatrissa, Beeatrix, Beitris, Beitriss, Trix, Trixie, Trixy.*

BEDELIA (Irlandés) Mujer fuerte y valiente; Protectora de su familia. *Bidelia, Biddy, Bedeelia.*

BEGONIA (Francés) Bella flor.

BELEN (Hebreo) Casa del pan; Flecha.

BELINDA (Latín) Graciosa; La colmada de gracia; La atractiva. *Bel, Belenda, Belindra, Belle, Bellinda, Bellynda, Belynda, Linda, Lindie, Lindy, Velinda.*

BELLA (Italiano) La belleza. *Bel, Bell, Bellah, Belle, Bellissa, Belva, Beyla, Labella.*

BELLE (Francés) Hermosa. *Belinda, Belisse, Bell, Bella, Bellette, Bellina, Belva, Belvia.*

BENEDICTA (Latín) Bendecida por Dios. *Benecia, Benedetta, Bénédicte, Benedictine, Benedikta, Benedyta, Benita, Bennita, Benitta, Beneta, Bendite, Benedetta, Benedicta, Benedikta, Benetta, Benni, Bennie, Benny, Benoite, Binnie, Binny, Neeta, Nita.*

BERENICE (Griego) Victoriosa o mensajera de la victoria. *Berenize, Bereniz, Berenisse, Berenise, Berenis, Berenisa, Bernessa, Bernie, Bernise.*

BERNARDA / BERNARDINA (Germano) Valiente y audaz como un oso; La guerrera audaz y taimada. *Benadette, Bennie, Benny, Bera, Bern, Berna, Bernadea, Bernadett, Bernadetta, Bernadin,Bernadín, Bernadina, Bernadina, Bernadine, Bernardette, Bernardina, Bernardine, Bernardine, Berneta, Bernie, Bernina, Bernita, Berny.*

BERNICE (Griego) Aquella que trae la victoria. *Beranice, Beraniece, Beranyce, Berenice, Bereniece, Berenyce, Berneece, Berneice, Berni, Bernie, Bernicia, Berniece,Berny, Bernyce.*

BERTA (Germano) Brillante; Famosa; Distinguida; De personalidad impactante. *Bertha, Bertus, Bertrona, Betita, Berthe, Bartha, Berrta, Berrte, Berrti, Berrtina, Berrty, Berte, Berthe, Berti, Bertie, Bertina, Bertine, Bertita, Bertuska, Berty, Birta, Birtha.*

BETANIA (Hebreo) Nombre de una aldea de la antigua Palestina.

BETHANY (Árabe) Casa de pobreza. *Bethanee, Bethaney, Bethani, Bethanie, Bethann, Bethanne, Bethannie, Bethanny, Betheney, Betheny.*

BETINA/BETTINA (Hebreo) Aquella a quien Dios ha ayudado. *Betty, Bettine, Betine, Betina, Bettye, Bettie, Bettey, Bette.*

BETSABE (Hebreo) Que nació del juramento; La séptima hija; Esposa de David y madre de Salomón.

BETSY (Hebreo) Juramento de Dios. *Betsei, Betsi, Betsey.*

BETTY (Holandés e Inglés) Promesa de Dios. *Bess, Bessie, Bessy, Betsey, Betsy, Bett, Betta, Bette, Betti, Bettie, Bettina, Bettine.*

BEVERLY (Inglés) Pradera de castor. *Beberley, Bev, Beverle, Beverlee, Beverley, Bevie, Beverlie, Beverlly, Beverlye, Bevvy, Bevlyn, Bevlynn, Bevverlie, Lee, Bevverly, Verlee, Verlie, Verly, Verlye.*

BIANCA (Germano) Que es de tez blanca. *Blanca, Biannka, Bianka, Biannca, Bianica, Bianey, Biancia, Biancha, Biancca.*

BIBIANA (Latín) De alma bondadosa; Vital. *Bibi, Bibiane, Bibianna.*

BLANCA (Latín) Pura; Blanca; Límpida; Noble. *Blanche, Bellanca, Blancka, Blanka.*

BLANCHE (Francés) Blanca; Pura; Originalmente fue un apodo para las personas de cabelleras rubias. *Bellanca, Bianca, Blanca, Blanch, Blanka, Blinny, Branca.*

BONNIE (Inglés) Hermosa; Bonita. *Bonne, Bonnee, Bonney, Bonni, Bunni, Bunnie, Bunny.*

BRADLEY (Inglés) N.U. Extenso prado. *Bradlie, Bradleigh, Bradlee.*

BRADY (Irlandés) N.U. Espiritual. *Braidy, Braydee, Braidey, Braidi, Bradi.*

BRANDY (Alemán) Bebida hecha de vino destilado para tomar después de comer. *Brand, Branda, Brandace, Brandais, Brandaise, Brandala, Brandance, Brande, Brandea, Brandee, Brandei, Brandeli, Brandell, Brandelle, Brandelyn, Brandi, Brandice, Brandie.*

BRENDA (Germano) Fuerte como una espada; Que lleva la antorcha. *Bren, Brendah, Brendie, Brenn, Brennda, Brenndah, Brinda, Brynda, Labrenda, Brenna, Brena.*

BRENNA (Gaélico) Gota de agua. *Bren, Brenie, Brenn, Brenne, Brennah, Brinna, Brynna, Brynne.*

BRIANNA (Celta) Fuerte; Virtuosa y honorable. *Breana, Bhrianna, Brana, Brea, Breann, Breanna, Breanne, Breayanna, Bree, Breeana, Breeanna, Breeanne, Breena, Breiana, Breyana, Bri, Bria, Briahna, Briana, Briand, Brianda, Briane, Briann, Briannah, Brianne, Brianni,Brie, Brieann, Brieanna, Brienna, Brienne, Brina, , Brinn, Bryana, Bryanna, Bryanne, Bryauna, Bryn, Bryna, Brynna.*

BRIDGET (Inglés) Mujer fuerte. *Beret, Berett, Berget, Bergett, Bergette, Biddie, Biddy, Birget, Birgett, Birgit, Birgitt, Birgitta, Birgitte, Birkita, Birkitta, Birkitte, Birte, Bitta, Breda, Briddgett, Bride, Bridee, Bridey, Bridgete.*

BRITTANY (Inglés) Originaria de Bretaña. *Bibi, Bret, Bretny, Brett, Bretta, Brette, Bretteny, Brettiney, Brettney, Brettnie, Bridnee, Bridney, Brit, Britaney, Britani, Britanny, Britany, Briteny, Britianee, Britiney, Britney, Britni, Britny, Britnye, Briton, Britt, Britta, Brittainny, Brittainy.*

BROOKE (Inglés) El arroyo. *Bhrooke, Brook, Brookelle, Brookie, Brooklyn, Brooklynn, Brooklynne, Brooks, Brooky.*

BRUNA/BRUNELA (Latín) De tez morena. *Brunella, Brunelle, Brunetta, Brunette.*

BRUNILDA (Germano) Doncella oscura de la batalla; Guerrera armada; La coraza en la batalla. *Brinhild, Brinhilda, Brinhilde, Brunhild, Brunhilda, Brunhilde, Brunnhilda, Brunnhilde, Brynhild, Brynhilda, Brynhilde, Brynnhild, Brynnhilda, Brynnhilde, Bruna.*

BUFFY (Americano) Búfalo. *Buffye, Buffie, Buffey, Bufe.*

BURGUNDY (Francés) Es una región de Francia en donde se elabora vino.
Burgunde, Burgandy, Burgandie, Burgandy.

CADY/KADY (Inglés) La pura. *Cade, Cadee, Cadey, Cadi, Cadie, Cadine, Cadye, Caidie, Kade, Kadee, Kadi, Kadie, Kayde.*

CAITLIN/KAITLIN (Irlandés y Gaélico) Mujer noble y pura. *Cait, Caitilin, Caitlan, Caitland, Caitlann, Caitlinn, Caitlyn, Caitlynn, Caitrin, Catelan, Cateline, Catelinn, Catelyn, Catelynn, Catlin, Catline, Catlyn, Catriona, Cayelin, Caylin, Kaitlan, Kaitlann, Kaitlin, Kaitlinn, Kaitlyn, Kaitlynn, Katelan, Katelin, Katelyn, Katelynn, Kayelin, Kayelyn.*

CALISTA/CALIXTA (Griego) La más hermosa. *Cala, Calesta, Cali, Calissa, Calisto, Calla, Callesta, Calli, Callie, Callista, Cally, Callysta, Calyssa, Calysta, Kala, Kalesta, Kalista, Kalla, Kallesta, Kalli, Kallie, Kallista, Kally, Kallysta.*

CALLIE (Griego) Hermosa; Linda. *Cali, Calina, Callee, Calley, Calli, Cally, Kallee, Kalley, Kalli, Kallie, Kelly.*

CAMELIA (Latín) Como la flor. *Camellia, Kamellia, Kamelia, Cami, Camellita, Camella, Camelita, Camela, Camallia, Camalia, Camala.*

CAMERON (Escocés) N.U. De nariz doblada. *Camryn, Camiron, Camiran, Camira, Cameren, Cameran, Camara, Cam, Camaeron, Camedon, Camren, Camron, Camry, Kameron, Kamrey.*

CAMILA (Latín) Que está presente en Dios; La que espera el sacrificio; Joven salvaje y aguerrida que tomó parte en la lucha contra Eneas. *Cam, Camala, Cami, Camiel, Camile, Camill, Camilla, Camille, Camillia, Cammi, Cammie, Cammile, Cammilla, Cammille, Cammillie, Cammy, Cammyl, Cammyll, Cammylle, Cammylyn, Camyla, Camylla, Camylle, Chamelle, Chamille, Kamila, Kamilia, Kamilka, Kamilla, Kamille, Kamyla.*

CANDELARIA (Latín) La que ilumina; brilla; resplandece. *Candelara, Candelarea, Candeloria.*

CANDI/CANDY (Americano) Golosina o dulce. *Candie.*

CANDIDA (Latín) De blancura resplandeciente; Pura, blanca e inmaculada. *Candice, Candita, Candide, Candia, Candeea.*

CARA (Latín) Muy querida. *Carey, Carah, Caragh, Caira, Carabelle, Caralea, Caralee, Cari, Carille, Carina, Carine, Carita, Carra, Carrie, Carry, Kara, Karina, Karine, Karrie, Karry.*

CARIDAD (Latín) Amor; La que da a los demas; Virtud divina.

CARINA (Latín) Inocente; La muy amada; A la que se tiene gran estima. *Careena, Caren, Carena, Cariana, Carin, Carine, Carinna, Carrina, Kareena, Karena, Karina, Karine.*

CARISA (Griego) La de buenos modales; Es belleza y la amabilidad. *Caresa, Carese, Caressa, Carissa, Carrisa, Carrissa, Charissa, Charessa, Charesse, Karessa, Karisa, Karissa, Kharissa.*

CARLA (Germano) La que es fuerte; Muy vigorosa; Granjera. *Carlah, Carlana, Carlee, Carleen, Carleigh, Carlena, Carlene, Carley, Carli, Carlia, Carlie, Carlita, Carlisa, Carlla, Carlonda, Carly, Carlyn, Karla, Karlla.*

CARLIE Forma femenina de Charles. Forma corta de Carla, Caroline y Charlotte. *Carlee, Carleen, Carleigh, Carlene, Carley, Carli, Carly, Carlye, Karlee, Karlene, Karli, Karlie, Karline, Karlita, Karly, Karlyta.*

CARLOTA (Germánico) Fuerte; Poderosa; Valiente; Vigorosa. *Carletta, Carlita, Carlotta.*

CARMELA (Latín) Que cultiva el campo; Que provee alimento. *Carmel, Carmeli, Carmelina, Carmelit, Carmella, Carmelle, Carmiel, Carmiela, Carmila,*

Carmile, Carmilla, Carmille, Carmy, Karmel, Karmela.

CARMEN (Hebreo) Encantadora; Viña de Dios. *Carma, Carmencita, Carmene, Carmia, Carmie, Carmín, Carmina, Carmine, Carmynn, Charmaine, Karmen, Karmia.*

CARMINA (Latín) La que cultiva el campo. *Carmin, Carmine.*

CAROL/CAROLA (Germano) Melodía o canción; La fuerte. *Carel, Carey, Cari, Cariel, Carla, Carleen, Carlene, Carley, Carlin, Caro, Carola, Carole, Carolena, Carolenia, Carolin, Caroll, Caroly, Carri, Carrie, Carrol, Carrola, Carroll, Carry, Cary, Caryl, Caryll, Karel, Kari, Karla, Karleen, Karli, Karlie, Karlina, Karlinka, Karol, Karole, Karryl, Karryll, Karyl, Karyll, Kerril, Kerryl, Keryl.*

CAROLINA (Italiano) La pequeña y femenina. *Caraleen, Caraleena, Caraline, Caralyn, Caralyne, Caralynn, Carilena, Carilyn, Carilynne, Carleen, Carleena, Carlen, Carlene, Carlin, Carlina, Carlyna, Carlyne, Carlynn, Carlynne, Caro, Carol, Carola, Carolan, Carolann, Carolanne, Carole, Caroleena, Caroleina, Carolena, Caroliana, Carolin, Caroll, Carollyn, Carolyn, Carolyne, Carolynn, Carolynne, Carrolena,Karaleen, Karaleena, Karalina, Karaline, Karalyn, Karalynna, Karalynne, Karleen, Karlen, Karlena, Karlene, Karlina, Karlinka, Karolina, Karoline, Karolinka, Karolyn, Karolyna, Karolyne, Karolynn, Karolynne.*

CASANDRA/CASSANDRA (Griego) Princesa troyana que poseía el don de la profecía; De inigualable belleza. *Casandera, Cass, Cassandre, Cassandrea, Cassandry, Casanndra, Cassaundra, Cassi, Cassie, Cassondra, Cassy, Kasandera, Kassandra, Kassi, Kassie, Kassy, Sande, Sandee, Sandi, Sandie, Sandy, Sohndra, Sondra, Zandra.*

CASEY (Griego) Alerta; Aquella que vigila. *Cacey, Cacia, Cacie, Caisee,*

Caisey, Caisi, Caisie, Cascy, Casee,
Casi, Casia, Casie,, Cass, Cassia, Casy,
Casya, Caycee, Caycey, Cayci, Caycie,
Caycie, Cayse, Caysee, Caysey, Caysi,
Caysy, Kacey, Kacie, Kacy, Kacyee,
Kasey, Kaycee, Kaycey, Kayci, Kaycie,
Kaysee, Kaysey, Kaysi, Kaysie, Kaysy,
Kaysyee.

CASILDA (Árabe) Catarina; La virgen
que porta una lanza; La batalladora.
Cassilda

CATALINA (Griego) De casta pura;
Virgen; La que mantiene la inocencia.
Cateline, Catalyne, Catalyn, Catalin,
Catalene, Catalen.

CATARINA (Alemán) Mujer sin
mancha. *Caterine, Caterina, Caterin,*
Catarine, Catarin, Catarena.

CATHERINE (Inglés) Pura. *Cat,*
Caterina, Catey, Catha, Catharin,
Catharine, Catharyne, Cathe, Cathee,
Catherin, Catherina, Catherinn,
Catheryn, Cathi, Cathie, Cathirin,
Cathiryn, Cathrine, Cathrinn, Cathryn,
Cathrynn, Cathy, Cathye, Cati, Catia,
Catie, Catreena, Catrin, Catrina,
Catrine, Catrine, Catriona, Catrionagh,
Catryna, Caty, Cay, Caye, Ekaterina,
Kaitrin, Kaitrine, Kaitrinna, Kaitriona,
Katarina, Kate, Katerina, Katerinka,
Katey, Katha, Katharine, Katharyn,
Katharyne, Kathee, Katherin, Katherina,
Katherine, Katheryn, Katherynn, Kathi,
Kathie, Kathiryn, Kathrine, Kathrinna,
Kathryn, Kathryne, Kathy, Kathyrine,
Kati, Katrena, Katrine,
Katrina,Katriona, Katrionaugh, Katryna.

CATRINA (Eslavo) Aquella pura.

CAYLA (Hebreo) Corona de laureles.
Caela, Caila, Caileigh, Cailey, Cailie,
Caleigh, Caley, Callie, Caylee, Cayleen,
Cayleigh, Caylea, Cayley, Caylia,
Caylie, Kaileigh, Kailey, Kailie, Kaleigh,
Kayla, Kaylee, Kayleigh, Kayley.

CECILIA (Latín) Ciega como la
justicia; Justa; Indefensa; Relación a la
música. *Cacilia, Caecilia, C'Ceal,*
Ceceley, Cecelia, Cecely, Cecil, Cecile,

Cecilea, Cecilee, Ceciley, Cecilie,
Cecilija, Cecilla, Cecille, Cecillia,
Cecily, Cecyl, Cecyle, Cecylia, Cee, Ceil,
Cela, Cele, Celia, Celie, Celli, Cellie,
Cicelia, Cicely, Cicilia, Cicily, Cile,
Cilia, Cilla, Cilly, Cissie, Sacilia,
Sasilia, Sasilie, Seelia, Seelie, Seely,
Sesilia, Sessaley, Sesseelya, Sessile,
Sessilly, Sessily, Sheila, Sile, Sileas,
Siseel, Sisely, Siselya, Sisile, Sisiliya,
Sissela, Sissie, Sissy.

CELENA (Griego) Luna; En mitología
era la diosa de la luna. *Cela, Celeena,*
Celina, Celinka, Cesia, Cesya, Saleena,
Salena, Salina, Selena, Selina.

CELESTE/CELESTINA (Latín) Del
color del cielo; Celestial. *Cela, Celesse,*
Celest, Celesta, Celestena, Celestene,
Celestia, Celestiana, Celestiel,
Celestijna, Celestina, Celestine,
Celestyn, Celestyna, Celestyne, Celia,
Celie, Celina, Celinda, Celine, Celinka,
Celisse, Celka, Cellest, Celleste, Celyna,
Saleste, Salestia, Seleste, Selestia,
Selestina, Selestine, Selestyna, Selestyne,
Silesta, Silestena, Silestia, Silestijna,
Silestina, Silestyna, Silestyne, Tina,
Tinka.

CELIA (Latín) Que viene de una de las
colinas de Roma; La que vino del cielo.
Ceil, Cele, Celie.

CELINA/CELINDA (Latín) Luna; La
que viene del cielo. *Celena, Celene,*
Celenia, Celenne, Celicia, Celine,
Celinda, Celinde, Celinna, Cellin,
Salinda, Salinde, Selena, Selinda,
Selinde, Seline.

CELMA/CELMIRA (Árabe) La que
tiene paz. *Selma, Zelma, Zelmira.*

CHABELA (Latín) La que ama a Dios.

CHAC (Maya) Dios de la lluvia. *Chaac,*
Chak.

CHANEL (Inglés) Perfume famoso que
lleva el nombre de su creadora. *Chaneel,*
Chaneil, Chanele, Chanell, Chanelle,
Channal, Channel, Channelle, Chenelle,

Shanel, Shanell, Shanelle, Shannel, Shannelle, Shenelle, Shynelle.

CHANTAL (Francés) Cantante; Fuerte como una piedra. *Chandal, Chantaal, Chantael, Chantala, Chantale, Chantall, Chantalle, Chantel, Chantele, Chantell, Chantelle, Chantrell, Chauntel, Shantal, Shantalle, Shantel, Shantell, Shantelle, Shontel, Shontelle.*

CHARIS/CHARISMA (Griego) La graciosa; Amable. *Carisma, Chareesse, Chari, Charice, Charie, Charisa, Charise, Charish, Charisma, Charissa, Charisse, Charysse, Cherise, Karas, Karis, Karisma, Karisse, Sherisa.*

CHARITY (Latín) La muy querida o amada; Es el nombre de una gran virtud. *Carissa, Carita, Chareese, Charis, Charissa, Charisse, Charita, Charitee, Charitey, Charitye, Chariza, Charty, Cherri, Cherry, Sharitee, Sharitey, Sharity, Sharitye.*

CHARLENE (Alemán viejo) Femenino de Charles. Libre. *Charlaine, Charlayne, Charleen, Charleena, Charleene, Charlena, Charline, Charlisa, Sharlene.*

CHARLIE (Inglés) Femenina y fuerte. *Sharlie, Charyl, Charley, Charlee.*

CHARLOTTE (Francés) Petite o pequeña; Femenina. Forma francesa de Carlota. *Carla, Carleen, Carlie, Carline, Carlota, Carlotta, Carly, Carlyne, Char, Chara, Charill, Charla, Charlet, Charlette, Charlie, Charlot, Charlotta, Charly, Charo, Charty, Charyl, Cheryl, Cheryll, Karla, Karli, Karlicka, Karlie, Karlika, Karlota, Karlotta, Karlotte, Karly.*

CHARMAINE (Inglés) Encanto. *Charmain, Charmane, Charmayne, Charmian, Charmine, Charmyan, Charmyn, Sharmain, Sharman, Sharmane, Sharmayne, Sharmian, Sharmyn.*

CHARO (Latín) Guirnalda de rosas.

CHASTITY (Latín) Pura; Inmaculada; Casta. *Chasaty, Chasida, Chasity, Chassity, Chasta, Chastina, Chastine, Chastitee, Chastitey.*

CHELSEA (Inglés viejo) Puerto. *Chelcie, Chelsa, Chelsee, Chelseigh, Chelsey, Chelsi, Chelsie, Chelsy.*

CHER/CHERIE (Francés) La que es muy amada. *Chere, Cherée, Cherey, Cheri, Cherie, Cherise, Cherish, Cherrie, Cherry, Chery, Cherye, Cherylee, Cherylie, Sher, Sherey, Sheri, Sherice, Sherie, Sherry.*

CHERILYN (Inglés) Audaz. *Charalin, Charalyn, Charalynne, Charelin, Charelyn, Charelynn, Charilyn, Charilynn, Cheralin, Cheralyn, Cherilin, Cherilynn, Cherilynne, Cherralyn, Cherrilin, Cherrilyn, Cherrylene, Cherrylin, Cherryline, Cherrylyn, Cherylin, Cheryline, Cheryllyn, Cherylyn.*

CHERRY (Francés) Cereza. *Chere, Cheree, Cherey, Cherida, Cherise, Cherita, Cherrey, Cherri, Cherrie, Chery.*

CHERYL (Inglés) Forma familiar de Charlotte o Cherry. *Charil, Charyl, Cherie, Cherrell, Cherrill, Cherryl, Cheryll, Cherylle, Chyril, Chyrill, Sharil, Sharyl, Sharyll, Sheril, Sherill, Sheryl, Shyril, Shyrill.*

CHRISTEN (Latín) Versión femenina de Christian. *Christaine, Christan, Christana, Christanne, Christin, Christina, Chrystyn, Cristen, Cristin, Cristyn, Kristen.*

CHLOE (Griego) Florecer, Tierna como la hierba. *Clo, Cloe, Cloey, Khloe, Khloey, Kloe.*

CHRISTINA/CHRISTY (Inglés viejo) Doncella que sigue al Señor. *Chris, Chrissie, Chrissy, Christie, Chrissti, Chrisstie, Chrissty, Christa, Christeen, Christeena, Christen, Christena, Christene, Christi, Christian, Christiana, Christiane, Christianna,*

Christin, Christine, Christini, Christinn, Christmar, Christy, Christyna, Chrystina, Chrystle, Cris, Crissey, Crissie, Crissy, Cristelle, Cristena, Cristi, Cristie, Cristin, Cristina, Cristine, Cristiona, Cristy, Crysta, Crystena, Crystene, Crystie, Crystina, Crystine, Crystyna Khristeen, Khristena, Khristina, Khristine, Khristya, Kirsten, Kirstie, Kirstin, Kit, Kris, Krissy, Krista, Kristeen, Kristen, Kristi, Kristijna, Kristin, Kristina, Kristine, Kristy, Krysta, Krystka, Krystle, Stina, Teena, Teyna, Tina.

CHRYSTAL (Griego) Clara; Transparente. *Cristal, Cristelia, Cristela, Cristel, Cristalina, Krystal, Christal.*

CINDY (Inglés) Luz; Pureza. *Cinda, Cindee, Cindi, Cindia, Cindie, Cyndee, Cyndi, Cyndie, Cyndy, Sindee, Sindi, Sindie, Sindy, Syndi, Syndie, Syndy.*

CINTHIA (Griego) La que está ligada a Dios. *Cindy, Cintia, Cynthia, Cynthiya.*

CIPRIANA (Italiano) Que proviene de Cyprus. *Chipriana, Chiprianna, Cipriane, Ciprianna, Cypriana, Cyprienne, Sipriana, Sipriane, Siprianne, Sypriana.*

CIRILA (Griego) La muy mujer y femenina. *Cyrille, Cyrella, Cerella, Cerelia.*

CITLALI (Azteca) Estrella.

CLARA (Latín) De sentimientos limpios y puros; Ilustre; Brillante. *Claira, Claire, Clare, Clarice, Clarie, Clarisa, Clarrie, Clarry, Klara, Klarra.*

CLARABELLA (Latín) Comb. de Clara y Bella. *Clarabela, Claribel.*

CLARISA (Latín) La limpia; Que pertenece a la orden de las Clarisas. *Clarisse, Clerissa, Claresta, Claressa, Clarissa, Klarissa.*

CLAUDIA (Latín) La que cojea; Vanidosa; Que renguea. *Claude, Claudella, Claudelle, Claudey, Claudie,*

Claudina, Claudy, Clodia, Klaudia, Klodia.

CLEMENCIA/CLEMENTINA (Latín) Compasiva. *Clem, Clemency, Clemence, Clementia, Clementine, Clementya, Clemmie Clementyna, Clementyn, Clemmy, Klementijna, Klementina.*

CLEO (Griego) Célebre; Clamar; Celebrar. *Clea, Chelo, Chleo.*

CLEOPATRA (Griego) Gloria de la patria. *Clea, Cleo, Cleona, Cleone, Cleonie, Cleta.*

CODY (Irlandés y Gaélico) N.U. Persona que ayuda. *Codee, Codey, Codi, Codie, Kodee, Kodey, Kodie, Kody.*

CLOE (Griego) Hierba tierna; Hierba verde. *Chloe.*

CLOTILDE (Germánico) Ilustre guerrera; Llena de sabiduría. *Cleotilde, Clotilda, Clothilda, Clothilde, Klothilda, Klothilde.*

COLETTE (Francés) Victoriosa; Forma corta de Nicole o Nicolette. *Coleta, Coletta, Collet, Colleta, Colete, Collette.*

COLINE/COLLEEN (Griego) Gente de victoria. Forma femenina de Colin, derivado de Nicholas. *Colena, Colene, Coleen, Colina, Collina, Colline, Nicoleen, Nicolene, Nicoline, Nicolyne, Colene, Collena, Collene, Collie, Colline, Colly, Kolleen, Koline.*

CONCEPCION (Latín) Referente a la Divina Concepción. *Cetta, Chiquin, Chita, Concetta, Concha, Concheta, Conchissa, Conchita.*

CONSTANCIA (Latín) Firme y perseverante; Constante. *Constanza, Constantina, Constantia, Constanta, Connie.*

CONSUELO (Latín) Refugio; Que brinda alivio en la aflicción y la pena. *Concha, Chela, Chelo, Conzuelo, Consula, Consuella, Consuela, Consolata.*

CORA (Griego) Doncella; En mitología fue la hija de Demitrio dios de la agricultura. *Corah, Coree, Corey, Cori, Corie, Corra, Correy, Corri, Corrie, Corry, Corynne, Kora, Kore, Korey.*

CORAL (Latín) Coral. *Coraal, Coralee, Corali, Coralia, Coraly, Corral, Koral, Koralie, Korall,*

CORDELIA (Celta) Joya del mar; La del gran corazón. *Kordula, Kordelia, Cordulia, Cordilla, Cordilia, Codi.*

CORINA (Griego) La doncella. *Cora, Coreen, Coreene, Coren, Corena, Corin, Corine, Correen, Correena, Corrin, Corrina, Corrine, Coryn, Cyran, Korin.*

CORINNA (Griego) De Corina; Nombre usado por Ovidio para nombrar a la mujer amada en sus poesías. *Carinna, Carinne, Carine, Carynna, Carynne, Corenne, Corin, Corina, Corine, Corinn, Corinne, Correna, Corrianne, Corrienne, Corrin, Corrine, Corrinn, Corrinna, Corryn, Coryn, Corynn, Corynne, Karinne, Karynna, Koreen, Korina, Korinne, Korrina.*

CORNELIA (Latín) La que toca el cuerno en la batalla. *Carna, Corie, Cornalia, Corneelija, Corneilla, Cornela, Cornelija, Cornella, Cornelle, Cornelya, Cornie, Corny, Korneelia, Korneelya, Kornelia, Kornelija, Kornelya, Nellie, Nelly.*

COURTNEY (Francés viejo) El dominio de Curtius; Originalmente un lugar en Francia llamado Courtenay. *Cordney, Cordni, Cortenay, Corteney, Cortnee, Cortneigh, Cortney, Cortnie, Cortny, Courtenay, Courteneigh, Courteney, Courtnay, Courtnee, Courtnie, Courtny, Kortney, Kortni, Kourtenay, Kourtneigh, Kourtney, Kourtnee, Kourtnie.*

CRISTINA (Griego) Doncella que sigue al Señor; De pensamiento claro; La ungida. *Crista, Cristi, Cristie, Crysti, Cristey, Crystina, Cristiona, Kristina.*

CRYSTAL (Griego) Hielo; Cristal transparente. *Christal, Christalle, Christel, Christella, Christelle, Chrystal, Chrystalle, Chrystel, Chrystle, Cristal, Cristalle, Cristel, Cristella, Cristle, Crysta, Crystall, Chrystalla, Crystel, Crystell, Khristalle, Khrystle, Kristle, Krystal, Krystalle, Krystle.*

CUISI (Mixteco) N.U. Blancura.

CYNTHIA (Griego) Proveniente del monte Kynthos; En mitología Kynthia fue uno de los nombres de Artemis, la diosa de la luna. *Cinthia, Cintia, Cinzia, Cyn, Cynthea, Cynthie, Cynthya, Cyntia, Kynthia, Kynthija, Synthee, Synthia, Synthie, Synthya.*

DAHLIA (Escandinavo) El valle. *Dahyle, Dahlya, Dahliah, Daliah, Dahiana, Dayha, Daleia, Dalia, Dalla.*

DAISY (Inglés) Margarita. *Deisy, Daysi, Dasy, Dasie, Dasey, Daisie, Daisi, Daisey, Daisee, Daizy, Deyse, Deysi.*

DAKOTA (Nativo Americano) N.U. Amiga; Socia; Nombre de una tribu. *Dekota, Dacota, Dackota, Daccota, Dakoda, Dakotah, Dakoeta, Dekota, Dekohta.*

DALIA (Hebreo) Delicada. *Daliah, Dalit, Dalila, Daliya, Daliyah, Dalya, Dalyah.*

DALILA (Hebreo) Delicada; Mujer hermosa sin corazón. *Dalilah, Dalialiah, Daleia, Daleah, Dalida, Dalela.*

DALLAS (Irlandés) La sabia. *Dalys, Dalyce, Dallys, Dallus, Dallis, Dallace, Dalisse, Dalis.*

DALMA (Latín) Natural de Dalmacia, en los Balcanes. *Dahlma, Dalmacia.*

DALMACIA (Latín) Oriunda de Dalmacia (región occidental de los Balcanes). *Dalma, Dalmassa, Dalmatia.*

DAMARIS (Griego) Mujer casada, esposa. *Damalis, Damara, Damaress, Damariss, Damariz, Dameris, Damerys,*

Dameryss, Damiris, Damris, Demaras, Demaris, Demarys, Maris.

DAMIA/DAMIANA (Griego) Aquella que es calmada y sumisa. *Damya, Damianna, Damiona.*

DAMICA (Francés) La amigable. *Damyka, Damicka, Damicia, Damicah, Dameeka.*

DANA (Hebreo) De buen juicio. *Daena, Daina, Dainna, Danah, Danan, Danay, Dane, Daney, Dania, Danica, Danna, Dannya, Danya, Dayna, Dayne.*

DANESSA (Americano) Comb. de Daniela y Vanessa. *Danesha, Danasia.*

DANIELA (Hebreo) Dios es mi juez; Justicia de Dios; La juzgada. *Daanelle, Danayla, Danee, Daneille, Danele, Danella, Danelle, Danelley, Daney, Dani, Dania, Daniah, Danialle, Danie, Daniele, Daniella, Danielle, Danijela, Danila, Danja, Danna, Danney, Danni, Dannia, Danniella, Dannielle, Danny, Dannyce, Dany, Danya, Danyell, Danyella, Danyelle, Dhanielle, Doneille.*

DANNA (Inglés viejo) Dannah es un lugar bíblico. *Dana, Dani, Dania, Danice, Danise, Dannah, Dannee, Danni, Dannia, Dannon, Dany, Danya.*

DAPHNE (Griego) Aquel árbol de laurel. *Daffi, Daffie, Daffy, Dafna, Dafne, Dafnee, Dafneigh, Dafnie, Danfy, Daphna, Daphney, Daphnie, Daphnny, Daphny*

DARA (Hebreo) Dios es mi juez; La compasiva. *Dahra, Daira, Darah, Darda, Dareen, Daria, Darian, Darice, Darisa, Darissa, Darra, Darragh, Darrah, Darya.*

DARCI (Irlandés) Oscuridad. *D'Arcy, Darcee, Darcel, Darcell, Darceigh, Darcelle, Darcey, Darchelle, Darcia, Darcie, Darcy, Darice, Darsee, Darseigh, Darsey, Darsie, Darsi.*

DARIA (Persa) Poderosa; Adinerada. *Dari, Dariah, Darian, Dariane, Darianna, Dareh, Darice, Dariele,*

Darielle, Darien, Darienne, Darina, Darion, Darrelle, Darria, Darrian, Darya, Dhariana, Dorian, Doriane.

DARLA (Japonés) Querida. *Darly, Darlis, Darli.*

DARLENE (Francés) Aquella que es muy querida. *Dareen, Darelle, Darla, Darleane, Darleen, Darleena, Darlena, Darlenia, Darlenny, Darlina, Darline, Darlinn, Darlyn, Darlyne, Darrelle, Darryleen, Darrylene, Darryline.*

DAWN (Inglés viejo) El primer rayo de luz; El primer momento del día. *Adawna, Dawna, Dawne, Dawnelle, Dawnetta, Dawnette, Dawnielle, Dawnika, Dawnita, Dawnyelle, Dawnysia, Dowan, Duwan, Dwan.*

DAYANARA/DAYANIRA (Latín) Divina; Brillante.

DE LAS MERCEDES (Español) Nombre místico en honor a la Virgen.

DE LAS NIEVES (Español) Nombre místico en honor a la Virgen.

DE LOS ÁNGELES (Español) Nombre místico en honor a la Virgen.

DE LOS MILAGROS (Español) Nombre místico en honor a la Virgen.

DEANDRA (Americano) Comb. de Deanne y otras variantes de Andrea y Sandra. *Deanda, Deandrea, Deandria, Deeandra, Dianda, Diandra, Diandre.*

DEANGELA (Italiano) Comb. del prefijo "De" y Angela.

DEANNA (Inglés viejo) Pradera; Líder de la iglesia. *Dayana, Deana, Deane, Deann, Deanne, Deeana, Deeann, Deeanna, Deena, Deona, Deondra, Deonna, Deonne.*

DEBORA (Hebreo) Industriosa; La que es trabajadora como una abeja; En la Biblia fue una de las principales profetas hebreas. *Deb, Debb, Debbee, Debbera, Debbey, Debbi, Debbie, Debborah, Debbra, Debby, Debee, Debera, Deberah, Debi, Debie, Debor, Deborah,*

*Debra, Debrah, Debralee, Debreanna,
Debrina, Debs, Devora, Devorah,
Dobra.*

DEIDRA (Irlandés) La penosa. *Deadra,
Dede, Dedra, Dee, DeeDee, Deedra,
Deedre, Deidre, Deidrie, Deirdra,
Deirdre, Derdre, Didi, Diedra, Diedre,
Diedrey, Dierdre.*

DEL CARMEN (Español) Nombre
místico en honor a la Virgen.

DEL PILAR (Español) Nombre místico
en honor a la Virgen.

DEL ROCÍO (Español) Nombre místico
en honor a la Virgen.

DEL SOCORRO (Español) Nombre
místico en honor a la Virgen.

DELFINA (Latín) Alegre y juguetona
como el delfín. *Delfyna, Delfeena,
Delphi, Delphia, Delphine.*

DELIA (Griego) Casta; Divina;
Sobrenombre de la diosa Diana; Nacida
en la isla Delos. *Dellia, Delya, Deliah,
Deli, Dehlia.*

DELMAR (Latín) N.U. Mar. *Dalmar,
Dalmer, Delmare, Delmer.*

DELMIRA (Germano) De nobleza;
Insigne.

DELTA (Griego) Puerta; Es una letra del
alfabeto griego. *Delte, Deltra, Deltora.*

DEMETRIA (Griego) Alude a Deméter,
diosa de la tierra y las cosechas. *Deitra,
Demitria, Demitra, Demetrias,
Demetriana, Demeteria, Demi, Demmi,
Demmy, Demia, Demiah.*

DENA (Inglés viejo) Pradera. *Deana,
Deane, Deanna, Deena, Dene, Deneen,
Denia, Denica, Denna, Denni, Dina,
Dinah.*

DENISE (Latín) La que se consagra a
Dios en la adversidad; Seguidora del dios
del vino: Dionicio. *Deneigh, Denese,
Dennet, Dennette, Deney, Deni, Denice,
Deniece, Denisa, Denissa, Denisse,*

*Denize, Denni, Dennie, Dennise, Denny,
Denyce, Denys, Denyse, Dinnie, Dinny.*

DESIRÉE (Francés) La que es deseada.
*Desarae, Desaree, Descrea, Deseray,
Desideria, Desi, Desir, Desiri, Desirae,
Desirat, Desiray, Desire, Desirea,
Desyre, Dezirae, Deziray, Deziree.*

DESTINY (Francés) Destino; Fe.
*Destanee, Destin, Destina, Destine,
Destinee, Destiney, Destini, Destinie,
Destyni.*

DEYANIRA (Griego) En mitología
griega fue la última esposa de Hércules.
*Daianira, Dayanira, Deianira,
Dellanira, Diyanira, Neera, Nira.*

DIANA (Latín) Diosa de la luna, la caza
y la fertilidad; Colmada por la divinidad.
*Daiana, Danne, Dayana, Dayani,
Dayann, Dayanna, Dayanne, Deana,
Deandra, Deane, Deann, Deanna, Dede,
Dee, Deeana, Deeane, DeeDee, Dena,
Di, Diahann, Diahanne, Diahna, Dian,
Dianca Diandra, Diane, Diania, Diann,
Dianna, Diannah, Dianne, Didi, Divina,
Dyan, Dyana, Dyane, Dyann, Dyanna,
Dyanne, Dyanni.*

DILAN (Irlandés) N.U. Fiel; Leal.
Dillyn, Dillon, Daillan, Dylan.

DINA (Hebreo) La que consigue lo que
se propone; La juzgada o la que se
somete al juicio de Dios; En la Biblia fue
la hija de Jacob y Leah. *Dena, Dinah,
Dinnah, Dinora, Dinorah, Dyna, Dynah,*

DINORA (Arameo) Personifica la luz.
Dinorah.

DIONISIA (Latín) La que se consagra a
Dios. *Deonisia, Deonysia, Dinicia,
Dinisha, Dinitia, Dionisya.*

DIONNA (Griego) Reina divina; En
mitología fue la madre de Afrodita.
*Dahna, Dahnya, Deona, Deondra,
Deonia, Diona, Diondra, Dona, Donalie,
Donella, Donelle, Donetta, Donia,
Donica, Donielle, Donisha, Donita,
Donnalee, Donnalyn, Donna-Marie,
Donnell, Donnella, Donnelle, Donni,*

Donnica, Donnie, Donnisse, Donny, Donya, Ladonna.

DIXIE (Francés) Décima. *Dixy, Dixi, Dixiee, Dix.*

DOLORES (Latín) La que sufre dolor o pesares; Hace alusión a los dolores de la Virgen María. *Dalores, Delora, Delores, Deloria, Deloris, Dol, Dolorcita, Dolorcitas, Dolorita, Doloritas, Dolli, Dollee, Dolley, Dolly, Lola, Lolita.*

DOMINGA (Latín) Que pertenece a Dios; El día del Señor.

DOMINICA (Latín) Que pertenece a la orden de las dominicas. *Domaneke, Domanique, Domenica, Domeniga, Domenique, Dominee, Domineek, Domineke, Dominga, Domini, Dominicka, Dominie, Dominik, Dominika, Dominique, Dominizia, Domino, Dominyka, Domitia, Domka, Domnicka, Domorique, Meeka, Mika.*

DONALDA (Escocés y Gaélico) Mundo poderoso. *Dona, Donaldette, Donaldina, Donaline, Donelda, Donetta, Donia, Donita.*

DONATELLA (Latín) Aquella donada o entregada.

DONINA (Latín) Don de Dios; Regalo de Dios. *Dahna, Dahnya, Dona, Donalie, Donella, Donelle, Donetta, Donia, Donica, Donielle, Donisha, Donita, Donnalee, Donnalyn, Donna-Marie, Donnell, Donnella, Donnelle, Donni, Donnica, Donnie, Donnisse, Donny, Donya, Ladonna.*

DORA (Griego) Regalo de Dios. Dim. de Dorotea. *Dorinda, Dodee, Dodi, Dodie, Dody, Dorae, Dorah, Doralee, Doraleene, Doralia, Doralice, Doralicia, Doralina, Doralisa, Doralisha, Doraly, Doralyn, Doralynn, Doran, Dore, Dorea, Doree, Doreen, Doreina, Dorelia, Dorelle, Dorena, Dorene, Doretta, Dorette, Doreyda, Doria, Doriana, Dorie, Dorina, Dorinda, Dorine, Dorita, Dorlisa, Dorrie, Dory.*

DORIA (Griego) Buen augurio. *Dori, Dorian, Doriana, Doriane, Dorianna, Dorianne, Dorienne, Dorria, Dorrian, Dory.*

DORIS (Griego) Reina y soberana del mar; Nativa de Dórida; En mitología fue la esposa de Nereo, madre de Nereido. *Doree, Dori, Doria, Dorian, Dorice, Dorie, Dorisa, Dorita, Dorri, Dorrie, Dorrise, Dorris, Dorry, Dorrys, Dory, Dorys, Doryse.*

DOROTEA (Griego) Regalo de Dios; Don de Dios. *Dasha, Dasya, Dodie, Dody, Doe, Doll, Dolley, Dolli, Dollie, Dolly, Doortje, Dora, Doretta, Dori, Dorika, Dorinda, Dorit, Dorita, Doritha, Dorlisa, Doro, Doronit, Dorota, Doroteya, Dorotha, Dorothea, Dorothee, Dortha, Dorothée, Dorrit, Dorthea, Dorothy, Dorthy, Dory, Dosha, Dosya, Dot, Dottey, Dottie, Dotty, Tea, Thea.*

DULCE (Castellano) De sabor suave o dulce; Que tiene dulzura. *Delcina, Delcine, Delsine, Dulcea, Dulci, Dulcia, Dulciana, Dulcibel, Dulcibella, Dulcibelle, Dulcie, Dulcina, Dulcine, Dulcinea, Dulcy, Dulse, Dulsea, Dulsia, Dulsiana, Dulsibell, Dulsine.*

DYLAN (Galés) N.U. Hija del mar; Legendario héroe del mar. *Dilan.*

EDIT/EDITH (Germánico) Mujer noble; Que tiene posesiones y dominios. *Dita, Eda, Edee, Edelina, Edetta, Edette, Edie, Edita, Editha, Edyta, Edytha, Edythe.*

EDNA (Germánico) Rica y poderosa; La que protege sus dominios; En mitología fue la esposa de Enoch. *Adna, Adnisha, Ednah, Ednita, Edona.*

EILEEN (Griego) La que brilla. *Aileen, Eila, Eileene, Eilena, Eilene, Eilin, Eilleen, Ileen, Ileene, Ilene.*

ELAINE (Griego) Luz. *Elaina, Elayna, Ellaine, Ellayne.*

ELBA (Celta) Alta; La que viene de la montaña; Inquieta; Versátil.

ELEANOR/ELEANORA (Griego) Luz. *Eleana, Eleanora, Eleni, Eleonora, Eleonore, Elinor, Ella, Elnora, Leonora, Nelly.*

ELECTRA (Griego) Brillo ámbar; Fue la hija de Agamemón, líder de los griegos en la tierra. *Elektra.*

ELENA (Griego) Bella cual aurora; Sol al amanecer; Brillante y resplandeciente. *Eleana, Eleena, Eleni, Elenna, Elenoa, Elina, Ellena, Helena, Lena.*

ELEONOR (Griego) Dios es mi luz; Compasión. *Elaina, Ela, Elana, Elanora, Elani, Elanee.*

ELEORA (Hebreo) Dios es mi guía. *Elora, Elira, Eliora.*

ELGA (Noruego) Aquella que es piadosa. *Elgiva, Helga.*

ELI (Hebreo) Mi Dios; En la Biblia fue un alto sacerdote quien entrenó al profeta Samuel. *Ely, Eloy, Eloi, Elie.*

ELIA (Griego) Luz; Voluntariosa; Como si fuera el Sol. *Eliah.*

ELIANA (Griego) Como el sol; Dios me ha respondido. *Eleana, Eli, Elia, Eliane, Elianna, Elianne, Ellianna, Elyana, Ileana, Liana.*

ELISA (Hebreo) Dios lo es todo; Dios del Juramento; Dios ha ayudado o auxilio divino. *Elyse, Elisia, Elesa, Elicia, Elisamarie, Elise, Elisha, Elishia, Elissa, Ellyce.*

ELISSA (Griego) Que proviene de las islas benditas; En mitología fue otro nombre para Dido, reina de Carthage. *Elisia, Elisse, Elysa, Elyse, Elysha, Elysia, Elyssa, Elysse.*

ELISABETH/ELIZABETH (Hebreo) Dios es mi promesa; Consagrada a Dios. *Alizabeth, Bet, Beth, Betty, Bit, Elisa, Elisabet, Elisabetta, Elissa, Eliza, Elizabel, Elizabet, Elsa, Elsbeth, Elspeth, Elysabeth, Elyssia, Elyza, Elzabeth, Ilse, Isabel, Libby, Liesl, Lilibeth, Lisa, Lisbeth, Liza, Lizbeth, Lizette.*

ELISE (Francés) Juramento de Dios.

ELISEA (Hebreo) Dios es salvación; Protege mi salud.

ELLA (Inglés) Mujer hermosa; Afortunada. *Ellah, Elle, Ellee, Ellesse, Elli, Ellia, Ellie, Elly.*

ELODIA (Germano) Reina de los bosques; Melodía. *Elody, Elodie.*

ELOISA (Germano) De santidad famosa; Combatiente gloriosa. *Eloise, Eloisia, Elois.*

ELSA (Germano) De buen ánimo; Regocijo. *Ellse, Ellsa, Else, Elsia, Elsie, Elsy, Elza, Ilse.*

ELVIA (Latín) La que tiene los cabellos rubios; Emprendedora; Activa. *Elva, Elvie, Elvina, Elvinia, Helvia.*

ELVIRA (Germánico) Amable lanza; Que sabe medir su protección; Energética. *Vira, Elwira, Elvire, Elvyra.*

EMA (Griego) Descubridora de lo desconocido; Que tiene gracia.

EMANUELA (Hebreo) Dios está con nosotros. *Emmanuelle, Emmanuella.*

EMILIA (Latín) La que recibe su recompensa; Fuerte. *Emiliana, Emelia, Emalia, Emila, Emliana, Emeliann, Emelianna.*

EMILY (Latín) Emprendedora; La gran trabajadora. *Amelia, Em, Emelia, Emilee, Emiley, Emilia Emilie, Emilli, Emmi, Emmy.*

EMMA (Germano) De gran fortaleza; Gentil; Fraterna. *Emmajean, Emmalee, Emmy.*

ENCARNACIÓN (Latín) Se refiere al misterio cristiano del verbo que se hace carne.

ENRICA (Español) La que gobierna. *Enriqua, Enrika, Enrrieta, Enriela.*

ENRIQUETA (Germano) Princesa. *Henriqueta, Henrietta.*

EPIFANÍA (Griego) Manifestación. *Ephifany.*

ERÉNDIRA (Mexicano) Princesa o la que siempre sonríe.

ERICA/ERIKA (Germano) La princesa eterna; Reina. *Aerica, Aeryka, Arica, Aricca, Aricka, Arika, Arike, Arikka, Ericca, Ericha, Ericka, Erike, Erikka, Eryka, Rikke.*

ERIN (Irlandés) Paz; En historia es otro nombre otorgado a Irlanda. *Aerynne, Earin, Earrin, Eren, Erena, Ereni, Erienne, Erina, Erinetta, Erinn, Erinna, Erinne, Erino, Eron, Eryn, Erynn.*

ERMELINDA (Germano) Hermosa hija; La que es muy dulce. *Erlinda, Hermelinda.*

ERMINIA (Germano) Fuerte. *Erma, Herminia, Erminda, Ermin.*

ERNESTA (Germánico) Grande; Luchadora decidida a vencer.

ERNESTINA (Germano) Hace lo suyo con celo, cuidado y esmero; Seria. *Erna, Ernalina, Ernesia.*

ESMERALDA (Latín) Brillar; Irradia pureza y esperanza; La muy admirada; Nombre de piedra preciosa de color verde. *Esme, Esmerilda, Esmerela, Emerald, Emeralda, Emelda, Ezmeralda.*

ESPERANZA (Latín) Que confía en Dios; La que espera un cambio para bien. *Esperance, Esperansa, Espe, Esparanza.*

ESTEFANÍA (Latín) La que ciñe la corona del triunfo. *Fani, Fanni, Stefanía, Estefanie, Estefana, Estefani, Stephanie, Stefi.*

ESTELA (Latín) La estrella del alba. *Estella, Estelina, Estel, Estelle, Estée, Estelita, Estrella, Estrellita.*

ESTER (Hebreo) La estrella del alba. *Esterina, Esther, Esthur, Eszter, Estee.*

EUFRASIA (Latín) La que está llena de alegría; Del río Eufrates en Mesopotamia.

EUGENIA (Griego) De noble nacimiento; De buena cuna o bien nacida. *Evgenia, Eugina, Eugenina, Eugenie.*

EULALIA (Griego) La que habla bien; Elocuente. *Eulia, Eulalya, Eulalee, Eula, Eulogia.*

EUNICE (Griego) Feliz; En la Biblia fue la madre de Timoteo. *Euniss, Eunise, Eunique, Euna.*

EVA (Hebreo) Nombre de la primera mujer creada por Dios; Vida o compañera; Fuente de vida. *Ava, Eve, Evetta, Evette, Evia, Eviana, Evie, Evita, Ewa.*

EVANGELINA (Griego) Que trae buenas nuevas; La buena mensajera. *Evangela, Evangelia, Evangeline, Evangelyn.*

EVANIA (Irlandés) La joven guerrera. *Eveania, Evany, Evanna, Evanka, Evana, Ivana.*

EVARISTA (Griego) Agradable; Optima; Que se conforma con lo que tiene.

EVELIA (Hebreo) La que genera vida; Doncella encantadora.

EVELINA (Celta) Grata; Agradable; La que alimenta a los demás.

EVELYN (Irlandés) La que da alimento; Avellana. *Evaleen, Evalina, Evaline, Evalyn, Evalynn, Evelin, Evelina, Eveline, Evelyne, Evelynn, Evelynne, Evie, Evlynn, Ewalina, Ewelina.*

EVITA (Español) Vida.

FABIA (Latín) La cultivadora de habas. *Favia, Fabria, Fabra.*

FABIANA (Latín) Que pertenece a la familia Fabia (los de las habas).

FABIOLA (Latín) Floja; Remolona; Semilla. *Fabia, Fabiana, Fabiane, Fabianna, Fabianne, Fabienne, Fabra, Favianna, Faviohla, Faviola, Fabiole, Fabyola.*

FAITH (Griego) Proveniente de las islas benditas; Fe. *Fae, Faithe, Fay, Faye, Fayth, Faythe, Fé.*

FANNY (Germano) Libre. *Fan, Fanceen, Fania, Fannee, Fanney, Fanni, Fannia, Fannie, Fantine.*

FANTASIA (Griego) Imaginación. *Fiantasi, Fantazia, Fantasya, Fantasy.*

FARA (Persa) Antigua ciudad mesopotámica; Hermosa y agradable. *Farah, Fayre, Farrah, Farra.*

FATIMA (Árabe) Doncella joven; Hija única de Mahoma; Advocación portuguesa de la Virgen María. *Fateema, Fateemah, Fatimah, Fatma, Fatmah.*

FAUSTA (Latín) La dichosa; La afortunada; Próspera; Benéfica. *Faustina, Faustiniana.*

FAY (Francés viejo) Forma corta de Fe. *Fae, Fayanna, Faye, Fee, Fey.*

FE (Latín) Es una de las tres virtudes teológicas; Aquella en la que se cree y confía en Dios.

FEDERICA (Germano) Que gobierna para la paz y el bien del pueblo; Princesa de la Paz. *Farica, Federika, Freda, Fredalena, Fredda, Freddee, Freddey, Freddi, Freddie, Freddy, Fredericka, Frederickina, Frederika, Frederine, Frederique, Fredi, Fredia, Fredie, Fredricia, Fredrika, Fredrikke, Frerika, Friederike, Friezi, Fritzie, Fritzline, Fritzy, Rica, Ricki, Rickie, Ricky, Rikki, Rikky.*

FEDRA (Griego) Brillante; La espléndida.

FELICIA (Latín) Feliz; Dichosa y afortunada. *Falecia, Faleece, Falicia, Falisha, Falishia, Felica, Felice, Feliciana, Felicidad, Felicie, Felicienne, Feliciona, Felicitas, Félicité, Felicity, Felis, Felisa, Felise, Felisha, Felisita, Feliss, Felita, Feliz, Feliza, Felysse, Filicia, Filisha, Phalicia, Phalisha, Phelicia, Phylicia, Phyllicia, Phyllisha.*

FERNANDA (Germánico) Guerrera que lucha por la paz; Aventurera. *Anda, Annda, Ferdinanda, Ferdinande, Fern, Fernande, Fernandette, Nanda, Fernandina, Fernandine, Nan.*

FIDELA (Latín) Digna de confianza. *Fidelia.*

FILIPA (Griego) Mujer aficionada a los caballos. *Filipina, Filippina, Filippa, Felipa.*

FILOMENA (Griego) Que ama el canto; La muy amada. *Fila, Filah, Philomena.*

FIONA (Celta) Blanca; Justa; La que tiene lindos cabellos. *Fee, Ffion, Ffiona, Ffyona, Fione, Fionna, Fionne, Fyona.*

FLOR (Latín) Bella como una flor. *Fiora, Fiordenni, Fiore, Fiorella, Fiori, Fleur, Flo, Flora, Floralia, Flore, Florella, Florelle, Florencia, Florentia, Florentina, Florenza, Florenzia, Floressa, Floretta, Flori, Floria, Floriana, Florida, Florie, Florinda, Florine, Floris, Florise, Florita, Florrie, Florry, Flory.*

FLORENCIA (Latín) Que es bella como las flores y derrama su perfume. *Fiorentina, Fiorenza, Flo, Floellen, Flor, Flora, Florance, Flore, Florenca, Florence, Florencita, Florendra, Florentia, Florentina, Florentyna, Florenza, Florenzia, Flori, Floria, Floriana, Floriane, Florie, Florina, Florincia, Florinda, Florine, Floris, Florrance, Florrie, Florry, Florynce, Floss, Flossey, Flossie, Flossy.*

FLORENTINA (Latín) Florida; Que da flores.

FLORINDA (Latín) Que da flores; La floreciente.

FORTUNA (Latín) La afortunada. *Fortunata, Fortune, Fortoona.*

FRANCES (Latín) Mujer originaria de Francia. *Chesca, Cheska, Fan, Fancey, Fanchette, Fancie, Fancy, Fanechka, Fania, Fanney, Fannie, Fanny, Fanya,*

Fran, France, Francee, Franceline,
Francene, Francesca, Franceska,
Francess, Francessca, Franceta,
Francetta, Francette, Francey,
Franchesca, Franci, Francia, Francie,
Francine, Francisca, Franciska,
Francoise, Francyne, Frania, Franie,
Frank, Franka, Franki, Frankie, Franky,
Franni, Frannie, Franny, Fransabella,
Fransabelle, Franzetta, Franzi,
Franziska, Fronia.

FRANCINA (Germánico) Perteneciente a los Francos, pueblo germánico que conquistó y dio nombre a Francia. *Francena, Francene, Francille.*

FRANCISCA (Germano) Libre; Osada; Franca; La que lleva la lanza. *Frain, Fran, Frances, Francesco, Francis, Francisco, Francise, Franciska, Franco, Frank, Franka, Frankey, Frankia, Frankie, Frankye, Franny, Franta, Frantiska, Franz, Franzisca.*

FRIDA (Germano) Paz; Pacífica o de gran firmeza y entendimiento; Mujer honorable. *Freda, Fhrida.*

GABINA (Latín) Oriunda de Gabio (antigua ciudad romana donde, según la mitología, fue criado Rómulo). *Gabrina, Gabin.*

GABRIELA (Hebreo) La que tiene la fuerza y el poder de Dios. *Brielle, Gabbe, Gabbi, Gabbie, Gabi, Gabriana, Gabriel, Gabriele, Gabriell, Gabriella, Gabrielle, Gabriellen, Gabriellia, Gabrila, Gabryel, Gabryella, Gabryelle, Gaby, Gabysia, Gavi, Gavra, Gavraila, Gavriela, Gavriella, Gavrielle, Gavrila, Gavrilla, Gavrina.*

GARLAND (Francés) La guirnalda de flores; Premio. *Garlind, Garlan.*

GARNET (Inglés) Gema o piedra preciosa roja. *Garnetta, Garnette, Granata, Grenata, Grenatta.*

GEMA (Latín) Joya; Piedra preciosa. *Gemma.*

GENOVEVA (Galés) Blanca como la espuma del mar; Originaria de Génova. *Gena, Genavieve, Geneva, Geneve, Geneveve, Genevie, Genevieve, Genivee, Genivieve, Gennie, Genny, Genovera, Gina, Janeva, Jenevieve, Jennie, Jenny.*

GEORGINA (Latín) Dim. de Georgia. *Georgeanne, Georgeina, Georgena, Georgene, Georgejean, Georgiana, Georgianna, Georgianne, Georgienne, Georgine, Georgyana, Georjette, Giorgina.*

GEOVANNA (Hebreo) Dios es grandioso. *Giovana, Giovanna, Giouvana, Geovana.*

GERALDINA (Germano) Doncella de lanza certera; La que puede ser dura. *Deena, Dina, Dyna, Geralda, Geraldeen, Geraldene, Geraldin, Geraldine, Geralyn, Geralynn, Geralynne, Gerdene, Gerdine, Geri, Gerianna, Gerianne, Gerilynn, Gerri, Gerrilyn, Gerroldine, Gerry, Giralda, Jeraldeen, Jeraldene, Jeraldine, Jeralee, Jere, Jeri, Jerilene, Jerrie, Jerrileen, Jerroldeen, Jerry.*

GERTRUDIS (Germánico) Doncella armada con lanza; Veraz. *Geertruide, Geltruda, Geltrudis, Gerda, Gert, Gerta, Gerte, Gertie, Gertina, Gertraud, Gertrud, Gertruda, Gertrude, Gerty, Traudl, Trude, Trudi, Trudie, Trudy.*

GIANNA (Italiano) Gracia divina. *Geonna, Gia, Giana, Ginara, Gianina, Gianella, Giannina, Gionna.*

GIANINA (Italiano) Dios es gracia. *Cinetta, Gianetta, Giannina, Giannine, Ginetta, Ginette, Ginnette, Janina, Janine, Jeannine, Jeeanima.*

GIANIRA (Griego) Ninfa del mar.

GILBERTA (Germánico) Brilla con su espada en la batalla. *Berta, Bertie, Berty, Gigi, Gilberte, Gilbertha, Gilberthe, Gilbertina, Gilbertine, Gill, Gillie, Gilly.*

GILDA (Germano) Que se dispone al sacrificio; Cubierta de oro. *Gildy, Gildie, Gildi.*

GIMENA (Hebreo) Dios siempre escucha. *Jimena, Ximena.*

GINA (Italiano) Invicta en el combate. *Geana, Geanndra, Geena, Geina, Gena, Genalyn, Geneene, Genelle, Genette, Genie, Gin, Ginah, Ginai, Ginamaria, Gineen, Ginelle, Ginette, Ginna, Jeena, Jena, Jenna.*

GINGER (Latín) Flor. *Gingee, Gingie, Ginja, Ginjer, Ginny, Jinger.*

GINNY (Inglés) Forma corta de Virginia "la virginal". *Genny, Ginna, Ginnee, Ginnelle, Ginnette, Ginnie, Ginnilee, Jinnie, Jinny.*

GIOCONDA (Latín) La que está llena de vida; Alegre. *Geoconda, Jeoconda.*

GIOVANNA (Italiano) Misericordia de Dios. *Geonna, Geovana, Geovanna, Giana, Gianella, Gianetta, Gianina, Gianinna, Gianna, Gianni, Giavanna, Giavonna, Giovana, Jovana, Jovanna, Jovanne.*

GISELA (Germano) Prenda de felicidad; Lanza o flecha fuerte; Comprometida. *Ghisele, Ghisella, Giselda, Gisele, Gisella, Giselle, Gissella, Giza, Gizela, Gizella, Gizelle, Iselda.*

GIULIANA (Italiano) La que tiene cabello crespo. *Julia, Yuliana, Juliana, Julianna, Julianne.*

GLADIS (Celta) Alegre; Que gobierna un gran territorio; Quien hace todo con buena fe. *Glad, Gladdis, Gladdys, Gladi, Gladiz, Gladwys, Glady, Gladys, Gladyss, Gwladys, Gwyladyss.*

GLENDA (Celta) Diosa divina; Valle pequeño y fértil. *Glennda, Glinda, Glynda.*

GLENNA (Irlandés) Valle estrecho. *Gleana, Glen, Glenda, Gleneen, Glenene, Glenina, Glenine, Glenn,*

Glenne, *Glennene, Glennette, Glennia, Glennie, Glenora, Gleny, Glyn, Glynn.*

GLENNYS (Celta) Bella y sagrada. *Glenice, Glenis, Glennice, Glennis, Glenys.*

GLORIA (Latín) Gloriosa; Nombre místico que hace referencia al cielo y a los lugares donde residen los bienaventurados. *laura, Glaurea, Glora, Glorea, Gloree, Glorey, Gloreya, Glori, Gloriah, Gloriana, Gloriane, Glorianna, Glorianne, Gloribel, Gloribell, Glorie, Gloriela, Gloris, Glorisha, Glorra, Glorria, Glory, Glorya, Gloryan, Gloryanna, Gloryanne.*

GLORIANA (Latín) Unión de Gloria y Ana.

GRACIA (Latín) Que posee la amistad de Dios; Don divino; Ser agradable; Agradecida. *Engracia, Eugracia, Grace, Gracea, Gracee, Gracella, Gracelynn, Gracelynne, Gracey, Graciana, Gracie, Graciela, Graciella, Gracielle, Gracija, Gracina, Gracious, Grata, Gratia, Gratiana, Gratiela, Gratiella, Grayce, Grazia, Graziella, Grazina.*

GRACIELA (Latín) Agraciada; La que recibe la gracia de la divinidad. *Grazia, Engracia, Gray, Grata, Graciella.*

GRETA (Griego) Mujer de gran respeto. *Greeta, Gretal, Gretchen, Grete, Gretel, Gretha, Grethe, Grethel, Gretna, Gretta, Grette, Grieta, Grietje, Gryta.*

GRETEL (Griego) Hija de la luz. *Greta, Grethel, Grettel, Gretell.*

GRISELDA (Germano) Lanza; De ojos grises; Heroína de ojos grisaceos. *Chriselda, Gricelda, Gricely, Grisel, Griseldis, Grisella, Griselle, Griselly, Grishelda, Grishilde, Grissel, Grizel, Grizelda, Gryselde, Gryzelde, Selda, Zelda.*

GUADALUPE (Árabe) N.U. En religión, fue el nombre con el cual se apareció la Virgen María en México. .

GUILLERMINA (Germano) La que protege con firme voluntad. *Guillerma, Guilla.*

GUINEVERE (Galés) Justa; Blanca y suave; En mitología fue la reina del rey Arturo. *Gaenna, Gaynor, Genever, Genevieve, Genevra, Geniffer, Geniver, Genivra, Genna, Gennie, Gennifer, Genny, Ginevra, Guenever, Guenevere, Gueniver, Guenna, Guennola, Guinever, Guinna, Gwen, Gwenevere, Gweniver, Gwenn, Gwennie, Gwennola, Gwennora, Gwennore, Gwenny, Gwenora, Gwenore, Gwyn, Gwynn, Gwynna, Gwynne, Janifer, Jen, Jeni, Jenifer, Jennee, Jenni, Jennie, Jennifer, Jenny, Wendee, Wendie, Wendy, Win, Winne, Winnie, Winny.*

GWENDOLYN (Galés) Aquella que es justa; Anillo bendecido. *Guendolen, Guendolin, Guendolinn, Guendolynn, Guenna, Gwen, Gwenda, Gwendaline, Gwendalyn, Gwendolen, Gwendolene, Gwendolin, Gwendoline, Gwendolynn, Gwendolynne, Gwenna, Gwenette, Gwenndolen, Gwenni, Gwennie, Gwenny, Gwenyth, Gwyn, Gwyndolyn, Gwyneth, Gwynn, Gwynna, Gwynne, Wendi, Wendie, Wendy, Win, Winne, Wynne.*

GWYNETH (Galo) Felicidad. *Gweneth, Gwenith, Gwenyth, Gwineth, Gwinneth, Gwinyth, Gwynith, Gwynna, Gwynne, Gwynneth, Winnie, Winny, Wynne, Wynnie.*

HADA (Latín) La que sigue el destino. *Hadda.*

HANNAH (Hebreo) Graciosa. *Ann, Anna, Anne, Annie, Chana, Chanah, Chanha, Channach, Channah, Hana, Hanah, Hanalee, Hanalise, Hanna, Hanne, Hannele, Hannelore, Hannie, Hannon, Hanny, Honna, Nan, Nanney, Nannie, Nanny.*

HARLEY (Inglés viejo) Pradera de la liebre. *Arlea, Arlee, Arleigh, Arley, Harlea, Harlee, Harleen, Harleigh, Harlene, Harlie, Harly.*

HARRIET (Alemán viejo) Gobernante del estado o de la casa. *Halle, Hallie, Harrie, Harriett, Harrietta, Hariette, Harriot, Harriott, Harriotte, Hatsee, Hatsey, Hatsie, Hatsy, Hattie, Hatty.*

HAYDEE (Griego) Acariciada y sumisa; Recatada; Modesta; Mimada. *Aidé, Ayde, Aidee.*

HAYLEY (Inglés viejo) N.U. Pradera de paja. *Haeley, Haelie, Haely, Hailea, Hailee, Haileigh, Haily, Haleigh, Haley, Halie, Hally, Haylea, Haylee, Hayleigh.*

HEATHER (Inglés) Aquella colina llena de flores. *Heath, Hether.*

HEIDI (Germano) Princesa del palacio real; La guerrera. *Haidee, Heida, Heide, Heidey, Heidy, Heydi, Heydy, Hidi, Hidie, Hidy, Hiede, Hiedi, Hydee, Hydi.*

HELDA (Germánico) La doncella combatiente; La batalladora.

HELENA (Griego) Es espléndida; Sol al amanecer; Luz de la aurora. *Aileen, Ailene, Aleanor, Alene, Aline, Eileen, Eilidh, Elaina, Elaine, Elana, Elayne, Eleanor, Eleanore, Elena, Eleni, Elenora, Elenore, Eleonora, Elianora, Elinor, Ella, Elladine, Elle, Elleanora, Ellee, Ellen, Ellenora, Ellette, Ellie, Ellin, Elliner, Ellinor, Elly, Ellyn, Elnora, Galina, Haleana, Halena, Halina, Helaina, Helaine, Helana, Heleanor, Heleena, Helen, Helenann, Hélène, Helene, Helenia, Helenka, Helenna, Helenore, Helia, Helina, Hella, Hellen, Hellena, Hellene, Hellenor, Hellia, Helona, Ileana, Ilene, Ilona, Jelena, Lana, Leanora, Lena, Lenore, Leonara, Leonora, Leonore, Leora, Lienor, Lina, Nelda, Nell, Nellette, Nelliana, Nellie, Nelly, Nonnie, Nora, Yelena.*

HELGA (Sueco) Feliz. *Elga.*

HELIODORA (Griego) Regalo del sol. *Heleodora.*

HELOÍSA (Germánico) La guerrera famosa. *Aloysia, Eloisa, Eloise, Heloisa, Lois.*

HENRIETTA (Alemán viejo) Aquella que toma las riendas del hogar. Forma femenina de Henry. *Enrichetta, Enrichette, Enriqueta, Etta, Ettie, Etty, Hatsie, Hatsy, Hattie, Hatty, Hendrika, Henia, Henie, Henka, Hennie, Henrie, Henrieta, Henriette, Henrika, Henryetta, Hetta, Hette, Hettie, Yetta, Yettie.*

HERLINDA/ HERMELINDA (Germano) Mujer de la tierra de los Ermiones; Escudo de fuerza y valor. *Erlinda, Ermelinda.*

HERMILDA (Germánico) Fuerte en la batalla. *Ermilda.*

HERMINA (Latín) Noble mujer. *Herminna, Hermenia, Herma.*

HERMINDA (Griego) La que anuncia. *Erminda.*

HERMINIA (Germano) De extremada fortaleza; Fuerza energética; La consagrada a Dios.

HERMIONE (Griego) La que anuncia. *Erma, Herma, Hermia, Hermina, Hermine, Herminia.*

HERNANDA (Germano) Atrevida; Guerrera audaz. *Hernandia, Fernanda.*

HILARIA (Latín) La que es alegre y sonriente; Gusta de las fiestas. *Hilary, Hillary, Hilarie.*

HILARY (Griego) Feliz; Alegre. *Hillory, Hilleri, Hillari, Hiliary, Hilari, Hillary.*

HILDA (Griego) Dama muy inteligente; La heroína en la lucha. *Ilda, Hilde, Hylda.*

HOLLY (Inglés) Arbol de hojas verdes y con espinas. *Hollee, Holleigh, Holley, Holli, Hollie, Hollyann, Hollye.*

HONORATA (Latín) Que recibe honores. *Honora, Honorina, Honoria,* *Honorah, Honorine, Honour, Nora, Norah, Norine, Norry.*

HORTENSIA (Latín) La que cuida con amor su huerto; Jardinera. *Hortencia, Hartencia, Hartinsia, Hortense, Hortenspa, Hortenxia, Hortinzia, Ortensia.*

HUITZILIN (Nahuatl) N.U. La que siempre anda en flores como el colibrí.

IANINA (Hebreo) La llena de gracia divina. *Jianina, Yanina.*

IASI (Tarasco) N.U. Paloma silvestre. *Yasi, Jaci.*

IDA (Griego) Feliz; Mujer trabajadora y exitosa. *Ide, Idaya, Idania, Idarina, Idalia, Idah.*

IDALIA (Griego) Próspero; Frente al sol; Defensora de la verdad. *Idalina.*

IDARA (Latín) Mujer prevenida.

IDELIA (Germánico) La que es noble. *Idelina.*

IDI (Suahili) Que nació durante el festival.

IFIGENIA (Griego) De gran fuerza y vitalidad; Sacrificio; En mitología fue la hija del líder griego Agamenón. *Efigenia, Ephigenia, Ephigenie, Iphigeneia, Iphigenie, Genia.*

IGNACIA (Latín) Feroz; La ardiente y fogoza. *Ignatzia, Ignatia, Ignashia, Ignasha.*

ILANA (Hebreo) Árbol. *Ilania, Ilani, Ilaina, Elana, Elanit, Eleana, Eleanna, Ilane, Ilania, Ilanit, Ileana, Ileanna, Iliana, Ilianna.*

ILEANA (Rumano) De belleza esplendente; Luz de la aurora.

ILIANA (Latín) La que está embarazada; Mujer proveniente de Troya. *Ilyana, Ilyanna, Ileana, Ileane, Ileanna, Ileanne, Illeanna, Illia, Illiana, Illianna, Illionya.*

ILSE (Germano) Llena de júbilo. *Ilsy, Ilsie, Ellsa, Elsa, Else, Ilisa, Illsa, Ilsae, Ilsaie, Ilsa.*

IMELDA (Germánico) Poderosa en la lucha. *Melda, Amelda, Himalda, Imalda, Ymelda.*

IMENA (Africano) Sueño.

INDA (Zapoteca) Agua; Fuerza.

INDIRA (Hindú) Dios del cielo y las tormentas; Espléndida. *Indria, Indre, Indiara.*

INDRA (Hindú) Diosa de la guerra; Diosa de poder.

INÉS (Griego) Casta y pura. *Inesa, Inez, Ines, Inesita, Inessa, Inetta, Ynes, Ynesita, Ynez.*

INGRID (Escandinavo) Hermosa hija; Diosa de la fertilidad. *Inga, Inge, Inger, Ingmar.*

INMACULADA (Latín) Alusivo a la inmaculada concepción de la Virgen María; Pura, sin mancha. *Imacolata, Imaculada, Immaculate, Immacolate.*

INTI (Inca) N.U. Nombre que daban los incas al sol, a quien consideraban el ser supremo. Debe ir acompañado por otro que indique sexo.

INTI RAIMI (Inca) N.U. Fiesta del sol celebrada en Cuzco, Perú.

IRENE (Griego) La que ama la paz; En mitología fue la diosa de la paz. *Aireen, Airina, Arina, Eireen, Eiren, Eirena, Eirene, Erena, Erene, Ira, Irayna, Ireen, Iren, Irena, Irenea, Irénée, Irenka, Ireñe, Iriana, Irina, Irine, Iryna, Orina, Oryna, Rena, Rene, Renie, Rina, Yarina.*

IRINA (Ruso) La llena de vida. *Aireen, Airina, Arina, Eireen, Eiren, Eirena, Eirene, Erena, Erene, Ira, Irana, Iranda, Irayna, Ireen, Iren, Irena, Irenea, Irénée, Irenka, Iriana, Irin, Irine, Irona, Iryna, Orina, Oryna, Rena, Rene, Renie, Rina, Yarina.*

IRIS (Griego) La de hermosos colores; Arco iris; En mitología fue la diosa del arco iris y mensajera de los dioses. *Irys, Irissa, Irida, Iridiana, Iridianny, Irisa, Irisha, Irita.*

IRMA (Germano) Poderosa; Noble doncella; Enérgica. *Erma, Ermengard, Irmina, Irmine, Irmgard, Irmgarde.*

ISA (Árabe) N.U. Una manera árabe de decir Jesús. *Isaah, Isah, Issah.*

ISABEL (Hebreo) La que ama a Dios; Dios es mi juramento. *Bel, Belia, Belicia, Belita, Bell, Bella, Belle, Bellita, Ib, Ibbie, Isa, Isabeau, Isabela, Isabele, Isabeli, Isabelina, Isabelita, Isabell, Isabella, Isabelle, Ishbel, Isobel, Isobell, Isobella, Isobelle, Issie, Issy, Iza, Izabel, Izabella, Izabelle, Izzie, Izzy, Sabella, Sabelle, Ysabeau, Ysabel, Ysabella, Ysobel, Yzabelle, Yzobel, Yzobelle.*

ISADORA (Griego) Equitativa; Don de Isis. *Isidora, Ysadora.*

ISAURA (Germano) La que protege con espada; Natural de Isauria, Asia menor. *Aura, Isa, Isaure.*

ISELA (Escocés) Isla. *Isel, Isell.*

ISELDA (Griego) Siempre fiel a los demás y a ella misma; Justa. *Isolde, Isolda.*

ISHA (Hebreo) Mujer.

ISIDORA (Griego) La que recibe los dones de Isis, divinidad egipcia identificada con la luna.

ISIS (Egipcio) Divinidad identificada con la luna; Diosa de la luna, la maternidad y la fertilidad. *Isys, Issis, Icess.*

ITATI (Guaraní) Piedra blanca; Resplandeciente como el sol; Referente a la Virgen de Itati.

ITSI TERI (Tarasco) Agua miel.

ITZA (Maya) Guerrera.

ITZAMNA (Maya) Dios de los cielos, la noche y del día. *Zamna.*

ITZEL (Maya) N.U. Lucero; Protegida. *Ixchel, Itsel, Itchel, Itcel.*

IVANA (Hebreo) Dios es misericordioso; El regalo de Dios; Llena de la gracia de Dios. *Ivanna, Ivannie, Vania, Vannia, Ivany, Ivania, Iva, Ivanka, Ivanya.*

IVANKA (Eslavo) Piadosa.

IVÉS (Francés) N.U. La abogada de los pobres.

IVONNE (Germano) Gloriosa. *Evonne, Ivón, Ivonn, Ivonna.*

IVY (Griego) Hiedra. *Iva, Ivalyn, Ivee, Ivey, Ivie, Ivyanne.*

IXCHEL (Maya) Diosa maya de las inundaciones, la preñez y el tejido. *Itzel, Ixel.*

IXKAN (Maya) N.U. La señora del maíz.

JACINTA (Griego) Que es bella como la flor del Jacinto. *Giacinta, Jacintia, Jacenta, Jacenda, Jacinda, Giacinda, Giacintha, Giacinthia, Jacenda, Jacenia, Jacenta, Jacey, Jacie, Jacindia, Jacinna, Jacinth, Jacintha, Jacinthe, Jacinthia, Jacy, Jacynth, Jacyntha, Jacynthe, Jacynthia.*

JACQUELINE (Hebreo) La que suplantó a su hermano. *Jaqueline, Jacquel, Jacalin, Jacalyn, Jacalynn, Jackalin, Jackalinne, Jackey Jackelyn, Jacketta, Jackette, Jacki, Jackie, Jacklin, Jacklyn, Jacklynne, Jackqueline, Jacky, Jackye, Jaclin, Jaclyn, Jacolyn, Jacqi, Jacqlyn, Jacqualine, Jacqualyn, Jacquel, Jacquelean, Jacqueleen, Jacquelin, Jacquelina, Jacquella, Jacquelle, Jacquelyn, Jacquelyne, Jacquelynn, Jacquelynne, Jacquenetta, Jacquenette, Jacquetta, Jacquette, Jacqui, Jacquine, Jaculine, Jakleen, Jaklyn, Jaquelin, Jaqueline, Jaquelyn, Jaquelynn, Jaquith, Zakelina, Zacqueline, Zhakelina, Zhaqueline.*

JACY/JACET (Guaraní) La luna. *Jacie, Jacic, Jacee, Jacelyn, Jaci, Jacine, Jaicee, Jaycee, Jaycie.*

JADE (Español) Joya; Piedra preciosa de color verde. *Jaide, Jaid, Jada, Jadea, Jadi, Jadie, Jada, Jadeana, Jadee, Jaden, Jadine, Jadira, Jadra, Jadrian, Jadrienne, Jady, Jadyn, Jaeda, Jaida, Jaide, Jaidra, Jayda, Jayde, Jaydee, Jayden, Jaydra, Zhade.*

JANA (Hebreo) El Señor es bueno; En mitología romana Jana fue la esposa de Jano. *Janah, Janalee, Janalyn, Janalynn, Janceena, Janica, Janna, Jannah, Jannalee, Jannie, Janny.*

JANE (Hebreo) Dios es gracia. *Gene, Gianina, Gianna, Giovanna, Iva, Ivana, Ivancka, Ivanka, Ivanna, Jaina, Jaine, Jainee, Jan, Jana, Janae, Janay, Janaye, Jandy, Janean, Janeane, Janeczka, Janee, Janeen, Janel, Janela, Janelba, Janella, Janelle, Janene, Janerita, Janessa, Janet, Janeta, Janeth, Janetta, Janette, Janey, Jania, Janica, Janice, Janie, Janina, Janine, Janique, Janis, Janise, Janit, Janka, Janna, Jannel, Jannelle, Janney, Janny, Jany, Jasia, Jayna, Jayne, Jaynell, Jayni, Jaynie, Jean, Jeanelle, Jeanette, Jeanie, Jeanne, Jeannette, Jeannine, Jenda, Jenella, Jenelle, Jeni, Jenica, Jenie, Jeniece, Jensina, Jensine, Jess, Jinna, Joan, Joana, Joanna, Johanna, Johnetta, Johnna, Jonella, Jonelle, Joni, Jonie, Juana, Juanita, Sheena, Shene, Sinead, Vania, Vanya.*

JANELLE (Nombre moderno) Bella. *Janel, Janelba, Janell, Janella, Janellie, Janely, Janiella, Janielle, Jannelle, Jenell, Jenelle, Jinella, Jinelle, Johnelle, Jonelle.*

JANET (Escocés) Dim. de Jane. *Gianetta, Janeta, Janeth, Janett, Janetta, Janette, Janit, Jannet, Janneth, Janetta, Jannette, Janot, Jenetta, Jenette, Jennet, Jennette, Jinnet, Jinnett, Johnetta, Johnette, Jonette.*

JANICE (Hebreo) Dios es gracia y misericordia. *Jan, Janecia, Janeece, Janess, Janessa, Janesse, Janessia, Janicia, Janiece, Janika, Janike, Janique, Janis, Janise, Janiss, Jannice, Jannis, Janyce, Jency, Jenice, Jeniece, Jenise, Jennice.*

JASMIN/JAZMIN (Persa) Flor que alude a ese nombre. *Ismenia, Jas, Jasimin, Jaslyn, Jaslynn, Jasman, Jasmeen, Jasmen, Jasmina, Jasminda, Jasmine, Jasmon, Jasmyn, Jasmyne, Jasmynn, Jassamayn, Jassmin, Jazan, Jazmine, Jazmon, Jazmyn, Jazmyne, Jazz, Jazzi, Jazzmin, Jazzmine, Jazzmon, Jazzmyn, Jazzmynn, Jess, Jessamine, Jessamy, Jessamyn, Jessie, Jessimine, Jessimine, Yasmeen, Yasmin, Yasmina, Yasmine, Yasminia.*

JEAN (Francés) Dios es gracia. *Gene, Genie, Jeana, Jeancie, Jeane, Jeane, Jeanee, Jeaneen, Jeanelle, Jeanene, Jeanette, Jeanice, Jeanie, Jeanine, Jeanique, Jeanna, Jeanne, Jeanneen, Jeannetta, Jeannette, Jeannie, Jeannine, Jeannique, Jeano, Jeena, Jene, Jenette, Jenica, Jennet, Jennetta, Jennine.*

JEANNINE (Francés) Gracia divina. *Janine, Jannine, Jeanina, Jeanine, Jenina, Jenine, Jennine, Jineen.*

JELANI (Suahili) La poderosa. *Jelanie, Jelan, Jel, Galina, Jalaina, Jalaine, Jalayna, Jalena, Jelina, Jelka, Yelena.*

JENIFER (Celta) La de espíritu luminoso y claro. *Geniffer, Genna, Genni, Gennie, Gennifer, Gennivre, Genny, Jen, Jena, Jenn, Jenefer, Jeni, Jeniffer, Jenna, Jennee, Jenni, Jennica, Jennie, Jennifer, Jennipher, Jennipher, Jenniver, Jenny, Jennyfer.*

JENNA (Árabe) Pajarito. *Jena, Jennabel, Jennah, Jennalee, Jennalyn, Jennarae, Jennasee.*

JENNY (Inglés) Dim. de Jennifer. *Jen, Jenalee, Jenalynn, Jenarae, Jeneen, Jenene, Jenetta, Jeni, Jenica, Jenice, Jeniece, Jenika, Jenise, Jenita, Jenna, Jennessa, Jenni, Jennie, Jennika,*

Jennilee, Jennilyn, Jennis, Jennita, Jennyann, Jennylee, Jinni, Jinny.

JERÓNIMA (Griego) De nombre sagrado.

JESENIA (Hebreo) La que es un regalo de Dios. *Jessenia, Yessenia.*

JESSIE (Hebreo) N.U. La que es rica o adinerada. *Jesi, Jese, Jesirae, Jeslyn, Jess, Jessa, Jessalyn, Jessalynn, Jessamae, Jessana, Jessandra, Jesse, Jesselyn, Jessey, Jessi, Jessilyn, Jessina, Jesslyn, Jesslynn, Jessy, Jessye, Jeziree.*

JESSICA (Hebreo) Dios existe; Mujer de buena salud y riqueza; Hija de Jessa, diosa de la mitología eslava; Gracia de Dios. *Jesica, Jess, Jessa, Jessaca, Jessaka, Jessalin, Jessalyn, Jesse, Jesseca, Jessey, Jessie, Jessika, Jessy.*

JESUSA (Hebreo) El Salvador; Redentor de los hombres.

JEWEL (Francés) Gema preciosa. *Jewelene, Jewlia, Jewelisa, Jewell, Jewella, Jewelle, Jewelyn, Juelline.*

JEZABEL (Hebreo) N.U. El juramento a Dios; Pura; En la Biblia fue la esposa del rey Ahab. *Jesibel, Jessabel, Jessabell, Jetzabel, Jezabella, Jezebell, Jezebelle, Jezibel, Jezibelle, Jezybell, Jezabella.*

JILINI (Totonaca) Relámpago.

JILIY (Totonaca) Trueno.

JILLIAN (Latin) Juventud. Variante de Gillian y Dim. de Juliana. *Jilian, Jiliana, Jillaine, Jillan, Jillana, Jillane, Jillanne, Jillayne, Jillene, Jillesa, Jilliana, Jilliane, Jilliann, Jillianna, Jillianne, Jillyan, Jillyanna, Jillyanne, Jyllina.*

JIMENA (Hebreo) La que pudo escuchar a Yavé. *Ximena, Jimenna, Ximenna.*

JOANA (Hebreo) La llena de gracia. *Jo, Joan, Joanie, Joann, Jo-Ann, Joanna, Joanne, Jo-Anne, Joanny, Joeann, Joeanna, Joeanne, Johana, Johanna, Johannah.*

JOAQUINA (Hebreo) A la que Dios le da firmeza y seguridad en su vida. *Joaquine.*

JOBY (Hebreo) Afligida. *Jobita, Joina, Jobie, Jobi.*

JOCELÍN (Latín) Muy bella; Equilibrada y justa. *Jacelyn, Joci, Jocelyn, Jocelina, Jocelinda, Joceline, Jocelyne, Jocelynn, Jocelynne, Josalind, Josaline, Josalyn, Josalynn, Joscelin, Josceline, Joscelyn, Joselín, Joselina, Joseline, Joselyn, Joselyne, Josiline, Josilyn, Joslin, Josline, Joslyn, Jossline, Josselyn, Josslyn.*

JOELA (Hebreo) Dios está con nosotros. *Joelia, Joeli.*

JOELLE (Hebreo) Amor; Júbilo. *Joela, Joelin, Joell, Joella, Joellen, Joelliane, Joellin, Joelly, Joellyn, Joely, Joelynn, Joetta, Jowella, Jowelle.*

JOLIE (Francés) Hermosa. *Joely, Jole, Jolee, Joleigh, Joley, Joli, Joliet, Jolietta, Joliette, Jollie, Jolly, Joly, Jolye.*

JORDANA (Hebreo) La regeneradora y purificadora; Descendiente. *Jardena, Johrdan, Jordain, Jordaine, Jordan, Jordane, Jordanka, Jordann, Jordanna, Jordanne, Jorden, Jordena, Jordenn, Jori, Jordie, Jordin, Jordyn, Jordynn, Jorey, Jori, Jorie, Jorrdan, Jorry, Jourdan.*

JORGELINA (Griego) Que trabaja la tierra.

JOSEFA (Hebreo) Engrandecida por Dios; Dios proveerá hijos.

JOSEFINA (Hebreo) La que es asistida por Dios; Ojalá que Dios la engrandezca. *Fifí, Fifine, Fina, Finetta, Finette, Guiseppina, Jo, Joette, Joey, Joline, Josana, Josanna, Josanne, Josee, Josefa, Josefena, Josefene, Joseffa, Josefin, Josefine, Josepha, Josephe, Josephene, Josephina, Josephine, Josephinne, Josephyna, Josephynna, Josephyne, Josetta, Josette, Josey, Josiane.*

JOVANA (Latín) Majestuosidad. *Jovina, Jovanna, Jeovana, Jovali.*

JOY (Japonés) Felicidad.

JOYCE (Inglés) Aquella que impone la alegría en todas partes. *Joice, Joyceanne, Joycelyn, Joycelynn, Joyse, Joyous, Joy.*

JUANA (Español) Dios es bondadoso. *Janita, Juancha, Juanetta, Juanisha, Juanita, Juanna, Juniata, Junita, Juwaneeta, Juwanita, Nita, Wahnita, Wahnna, Wanna, Waneeta, Wanita.*

JUDÁ (Hebreo) N.U. Alabada; Premiada; En la Biblia fue el cuarto hijo de Jacob. *Judah, Judas, Judd, Jude.*

JUDITH (Hebreo) Alabada; Alabanza divina. *Giuditta, Jodi, Jodie, Jody, Judeana, Judee, Judeena, Judi, Judie, Judine, Judit, Judita, Judite, Juditha, Judithe, Judy, Judye, Jutta.*

JUKARI (Tarasco) La experta; La sabia.

JUKI (Tarasco) N.U. Venado.

JULIA (Latín) Llena de vida y de juventud; Diosa de la familia romana de los Julius. *Giulia, Giuliana, Giulianna, Giulianne, Giulietta, Jiulia, Joleta, Joletta, Jolette, Joven, Jovial, Jula, Julaine, Julayna, Julee, Juleen, Julena, Juley, Juli, Juliaeta, Juliaetta, Juliah, Juliana, Juliane, Juliann, Julianne, Julie, Julienne, Juliet, Julieta, Julietta, Juliette, Julina, Juline, Julinka, Julisa, Juliska, Julissa, Julita, Julitta, Julyana, Julyanna, Julyet, Julyetta, Julyette, Julyne, Juvenil, Yulia, Yuliya.*

JULIANA (Latín) Que es fuerte de raíz; De cabello suave. *Giuliana, Juliane, Juliann, Julianna, Julianne, Julieann, Julieanna, Julieanne.*

JULIETA (Latín) Adolescencia. *Giuletta, Juliaetta, Juliett, Julietta, Juliette, Jullieta, Julyet, Julette.*

JUNE (Latín) Colaboradora. *Junae, Junel, Junelle, Junette, Junita, Juno.*

JUNO (Latín) Diosa mitológica; La juvenil. *Juneau, Juneaux, Junot.*

JUSTA/JUSTINA (Latín) Justa; Equitativa; Que es justa e inteligente. *Giustina, Jestina, Justa, Justeen, Justeene, Justene, Justie, Justine, Justiniana, Justinn, Justinna, Justy, Justyna, Justyne.*

KAIRA (Griego) Diosa de Júpiter. *Kairos, Kairra.*

KAIYA (Japonés) Aquella que siempre perdona. *Kaiyah, Kaiyia.*

KALILA (Arabico) La muy querida o amada. *Cailey, Cailie, Caylie, Kailey, Kaleila, Kalie, Kalilah, Kayllie, Kaly, Kaylee, Kylila, Kylilah.*

KALINDA (Hindú) El sol o el brillo es su esplendor. *Kalynda, Kalindi.*

KAMILAH (Africano) La perfecta. *Camilla, Cammie, Kamella, Kami, Kamila, Kamilka, Kamilla, Kamillah, Kamille, Kamyla, Kemilla, Milla, Millie.*

KANDACE (Latín) Claridad. *Candie, Candy, Dacie, Kandee, Kandi, Kandice, Kandis, Kandiss, Kandy, Kandyce.*

KARA (Griego) Pura. *Cara, Kaira, Kairah, Karah, Karalea, Karalee, Karalie, Karalyn, Karalynn, Karee, Kari, Kariana, Kariann, Karianna, Karianne, Karie, Karielle, Karra, Karrah, Karri, Karrie, Kary.*

KAREN (Griego) Pura. *Caren, Carin, Caron, Caronn, Carren, Carrin, Carron, Carryn, Caryn, Carynn, Carynne, Kaaren, Karaina, Karan, Karem, Kari, Karin, Karna, Karna, Karon, Karren, Karrin, Karryn, Karyn, Kerran, Kerrin, Kerron, Kerrynn, Keryn, Kerynne, Taran, Taren, Taryn.*

KARINA (Latín) La muy amada. *Carina, Kareen, Kareena, Kareina, Karena, Karenah, Karene, Karin, Karine, Karinna, Karinne, Karrina, Karryna, Karyna.*

KARIS (Griego) Graciosa. *Karise, Karice, Karess.*

KARLA (Germano) Resistente y de pensamientos firmes. *Carla, Carlita.*

KARMA (Hindú) Acción y reacción; Fe; Destino.

KASEY (Irlandés) Valiente. *Kasy, Kasi, Kascy, Kasci, Kaisie, Kasie.*

KATE (Griego) Transparente; Pura. *Cait, Caitie, Cate, Catee, Catey, Catie, Kaethe, Kait, Kaite, Kaitlin, Kata, Katee, Katey, Kathe, Kati, Katia, Katica, Katie, Katya.*

KATHERINE (Irlandés) La pura. *Cait, Caitlin, Caitlinn, Caitrin, Caitrine, Caitriona, Caitrionagh, Caity, Caren, Cari, Carin, Caron, Caronne, Carren, Carri, Carrin, Carron, Caryn, Carynn, Cass, Cassey, Cassi, Cassie, Cat, Cataleen, Cataleena, Catalin, Catalina, Cataline, Catarina, Catarine, Cate, Cateline, Caterina, Cathaleen, Cathaline, Catharin, Catharina, Catharine, Catharyna, Catharyne, Cathee, Cathelina, Catherina, Catherine, Catheryn, Cathie, Cathirin, Cathiryn, Cathleen, Cathline, Cathlyne, Cathrine, Cathrinn, Cathryn, Cathrynn, Cathy, Cathye, Cati, Catie, Catina, Catlaina, Catreen, Catreina, Catrin, Catrina, Catrine, Catriona, Catrionagh, Catryna, Caty, Cay, Caye, Ekaterina, Kaatje, Kait, Kaitee, Kaitie, Kaitlin, Kaitlinn, Kaitlyn, Kaitrin, Kaitrine, Kaitrinn, Kaitrinna, Kaitriona, Kaity, Karen, Karena, Kari, Karin, Karon, Karri, Karrin, Karyn, Karynn, Kasia, Kasienka, Kasja, Kaska, Kasya, Kass, Kassi, Kassia, Kassie, Kas, Kat, Kata, Kataleen, Katalin, Katalina, Katarina, Katchen, Kate, Katee, Katell, Katelle, Katena, Katenka, Katerina, Katey, Katha, Katharine, Katharyn, Kathe, Kathee, Kathelina, Katheline, Katherin, Katherina, Katheryn, Katheryne, Kathi, Kathie, Kathileen, Kathirin, Kathiryn, Kathirynn, Kathleen, Kathlene, Kathleyn, Kathline, Kathlyne, Kathrene, Kathrina, Kathrine, Kathrinna, Kathryn, Kathryne, Kathrynn, Kathy, Kathyrine, Kati, Katica, Katie, Katina, Katinka, Katka, Katla, Katlaina,*

Katleen, Katline, Katoushka, Katouska, Katrena, Katria, Katriana, Katriane, Katrien, Katrina, Katrine, Katriona, Katrionagh, Katrya, Katryna, Katushka, Katy, Katya, Kay, Kaye, Kaylin, Kit, Kittey, Kitti, Kittie, Kitty, Rina, Trina, Trinchen, Trine, Trinette, Yekaterin, Yekaterina.

KATHLEEN (Irlandés) Variante de Katherine "la pura". *Cathaleen, Cathaline, Cathleen, Kaitlin, Kaitlinn, Katha, Kathaleen, Kathaleya, Kathaleyna, Kathaline, Kathelina, Katheline, Kathleena, Kathlena, Kathlene, Kathleyn, Kathlin, Kathline, Kathlyn, Kathylyne, Kathlynn, Kathyline, Katleen, Katlin, Katline, Katlyne.*

KATIA (Ruso) Pura; Inmaculada; Que proviene de la nobleza. *Katiuska, Kat, Kata, Kate, Katee, Katey, Kati, Katianne, Katilyn, Katinka, Katiya, Katt, Katy, Katya, Kaydee, Kaydi.*

KATRINA Forma corta y variante de Katherine "la pura". *Caitrionagh, Catreena, Catreina, Catrina, Catriona, Catrionagh, Kaitrina, Kaitrona, Katreena, Katreina, Katrin, Katrine, Katriona, Katrionagh, Katryna, Ketreina, Ketrina, Ketryna, Kotrijna, Kotryna.*

KAYLA (Árabe) Corona de laurel. *Cayla, Caylie, Kaela, Kaelah, Kaila, Kaylah, Kaylia, Kayle, Kaylin, Kaylyn, Keyla, Keila.*

KAYLEE (Hebreo) Delgada; De bonita figura. *Caleigh, Cayleigh, Cayley, Kaelee, Kaeleigh, Kaeley, Kaeli, Kaelie, Kailee, Kaileigh, Kailey, Kaili, Kalee, Kaleigh, Kaley, Kalie, Kayl, Kayla, Kaylea, Kayleen, Kaylei, Kayleigh, Kaylene, Kayley, Kayli, Kaylie, Kaylleigh, Kaylley.*

KAYLIN (Americano) Variante de Caitlin, Kayla o Kaylee. *Kaelene, Kaelin, Kaelyn, Kaelynn, Kailan, Kaileen, Kailene, Kailin, Kailyn, Kailynne, Kalan, Kalen, Kalin, Kalyn, Kalynn, Kaylan,*

Kaylanne, Kayleen, Kayleena, Kaylen, Kaylinn, Kaylyn, Kaylynn, Kaylynne.

KEIKO (Japonés) Niña feliz. *Kiko, Khiko, Keikho, Kikoh.*

KEILANI (Hawaiano) Jefa gloriosa. *Keilany, Keilana, Keilan, Kaylani.*

KEISHA (Americano) Nombre moderno. Posiblemente una forma corta de Lakeisha. *Keasha, Kecia, Keesha, Keeshah, Keicia, Kesha, Keshia, Kesia, Kicia, Kiesha, Kisha.*

KELLY (Alemán) Valiente guerrera. *Kelianne, Kellee, Kelleen, Kelleigh, Kelley, Kelli, Kellie, Kellina, Kellyn, Kellyann, Kellyanne, Kellye.*

KELSEY (Inglés viejo) Barco victorioso. *Kelcey, Kelcie, Kelcy, Kellsey, Kellsie, Kelsa, Kelsea, Kelsee, Kelseigh, Kelsi, Kelsie, Kelsy.*

KENDA (Inglés) Agua de bebé; En astrología es la niña nacida bajo el signo de Cáncer, Escorpión o Piscis. *Kennda, Kendra, Kendrah, Kendria, Kenna, Kenndrea, Kindra, Kinna, Kyndra.*

KENNEDY (Irlandés) N.U. La jefa con casco; En historia John F. Kennedy fue el presidente número treinta y cinco de los Estados Unidos de Norteamérica. *Kennedey, Kennady, Kenidy, Kenedy.*

KERRY (Celta) De cabello oscuro. *Kerruie, Kerri, Kerrey, Keri, Kery, Kerey, Kara, Kera, Keree, Keriana, Keriann, Kerianna, Kerianne, Kerilyn, Kerra, Kerrey, Kerri, Kerria, Kerrianne, Kerridana, Kerrie.*

KHRISTINA (Ruso) Variante de Kristina, y forma escandinava de Christina. *Khristeen, Khristen, Khristin, Khristine, Khristyana, Khristyna, Khrystina, Khrystyn, Khrystyna, Khrystyne, Kristina.*

KIANA (Americano) Nombre moderno. Posiblemente un prefijo o variante de Kian "antiguo". *Keanna, Keiana, Keona, Keonna, Kia, Kiah, Kiahna, Kiani, Kianna, Kianni, Kiauna, Kiona,*

Kionah, Kioni, Kionna, Quiana, Quianna.

KIARA (Americano) Contemporánea; Oscura y pequeña. *Kyara, Kiarra.*

KILEY (Irlandés) Atractiva. *Kyli, Kili.*

KIM (Japonés) Gobernante; La que es muy necesitada. *Kimba, Kimbely, Kimber, Kimberely, Kimberlee, Kimberleigh, Kimberley, Kimberli, Kimberlie, Kimberlin, Kimberlyn, Kimblyn, Kimbra, Kimm, Kimmie, Kimmy, Kym, Kima, Kymberlee, Kymberleigh, Kymberley, Kymberlie, Kymberly, Kymbra, Kymbrely.*

KIMBERLY (Inglés y Japonés) Que tiene una gran fortaleza; Recta. *Kimi, Kimmy, Kimmi, Kimiyo, Kimiko, Kimika, Kimia.*

KIMIKO (Japonés) Niña con trenzas. *Kumi, Kummy.*

KIOKO (Japonés) Niña feliz. *Kiyoko, Kiyo, Kyoko.*

KIONA (Nativo Americano) Colinas de color café. *Kionna, Kioni, Kionah.*

KIRA (Latín) Luz; Sol. *Kirri, Kirra, Kiro, Kiria, Kiri, Kirah, Keera, Kiera, Kierra, Kiria, Kiriah, Kiriana, Kirya.*

KIRIMA (Esquimal) Colina.

KIRSTEN (Griego) Cristiana; Que sigue a Cristo. *Keerstin, Keirstin, Kersten, Kerstin, Kerstine, Kiersten, Kierstin, Kierstynn, Kirstan, Kirsteen, Kirsti, Kirstie, Kirstin, Kirstine, Kirsty, Kirstyn, Kirstynn, Kjerstin, Kristen, Kristyn, Kyrstin.*

KOKO (Japonés) Cigüeña.

KONA (Hawaiano) Dama; En astrología es la niña que nace bajo el signo de Capricornio. *Konia, Koni.*

KONDIRA (Tarasco) La de la boca grande.

KORE/KORI (Griego) La joven. *Koree, Korey, Korie, Korri, Korrie, Korry, Kory.*

KORINA (Griego) Que inaugura; Original. Variante de Corinna. *Koreena, Korine, Korinna, Korinne, Korrin, Korrina, Korrine, Koryn, Korynn, Korynne.*

KRISTINA (Escandinavo y Checo) Variante de Christina. *Khristina, Kristeena, Kristena, Kristiana, Kristiane, Kristianna, Kristianne, Kristine, Kristyna, Krysteena, Krystiana, Krystianna, Krystina, Krystyna.*

KRYSTA Variante de Crystal "hielo". La K-refleja la pronunciación griega "krystallos". *Cristalle, Cristel, Crysta, Khristal, Khristalle, Khristel, Khrystal, Khrystle, Khrystalle, Kristabelle, Kristal, Kristalena, Kristel, Kristell, Kristella, Kristle, Krystabelle, Krystal, Krystaline, Krystalle, Krystalline, Krystel, Krystelle, Krystle.*

KUKIM (Totonaca) Luciérnaga.

KUMA (Japonés) Osa.

KUNIKO (Japonés) Niña del país.

KURI (Japonés) Niña de cabellos castaños.

KUTSI (Tarasco) Dama; Señora.

KUYEN (Mapuche) Luna.

KYOKO (Japonés) Espejo.

KYRA (Griego) Fina. *Kyria, Kyrah, Kira, Keira, Kairaa, Keera, Keira, Kyrah, Kyreena, Kyrha, Kyria, Kyrie, Kyrene, Kyrra.*

LACEY (Latín) Felicidad. *Lace, Lacee, Lacene, Laci, Laciann, Lacie, Lacina, Lacy, Lacyann, Lacye, Laicee, Laicey, Laisey, Laycie.*

LAILA (Árabe) La hermosa. *Laela, Laliah, Lailie, Laily, Laleh, Layla, Laylah.*

LANA (Irlandés) Pacífica; Atractiva. *Lannah, Lanna, Lanay, Lanata, Lanai.*

LANDRA (Alemán) Que consuela. *Landrea.*

LARA (Latín) Nombre de una de las más antiguas y célebres familias de Castilla; Protección. *Laretta, Larah, Laralaine, Larra, Laramae, Larina, Larinda, Larita.*

LARAINE (Latín) Pájaro de mar. *Laraene, Larayne, Lareine, Larina, Larine, Larraine.*

LARAMIE (Francés) Lágrimas de amor. *Laremy, Laramy, Larami.*

LARINA (Griego) Gaviota de mar. *Larena.*

LARISA (Griego) Nombre de una ciudad de Grecia; Que es feliz. *Lari, Larissa, Larissah, Lariza, Larrissa, Laryssa, Lerissa, Lissa, Lorissa, Lyssa.*

LASHANA (Americano) Unión del prefijo La y Shana. *Lashontia, Lashon, Lachonda.*

LASHONDA (Americano) Comb. del prefijo La y Shonda. *Lashonita, Lashon, Lachonda.*

LATARA (Americano) Comb. del prefijo La y Tara.

LATEEFAH (Árabe) Complaciente. *Latipha, Latifah, Latifa.*

LAURA/LAUREANA (Latín) Coronada de laureles; Alude al laurel como símbolo de la victoria. *Lara, Laralyn, Laranca, Larea, Lari, Laurah, Lauraine, Lauralee, Laurana, Laure, Laureen, Laurel, Laurella, Lauren, Laurena, Laurence, Laurene, Laurentia, Laurentine, Lauretha, Lauretta, Lauri, Lauriane, Laurianne, Laurice, Lauricia, Laurie, Laurina, Laurinda, Laurine, Laurita, Laurnea, Lavra, Lawra, Lawrie, Lollie, Lolly, Lora, Loree, Loreen, Loren, Lorena, Lorene, Lorenza, Loretta, Lorette, Lorey, Lori, Lorie, Lorinda,*

Lorine, Lorita, Lorna, Lorretta, Lorrette, Lorri, Lorrie, Lorry, Lory, Loura.

LAUREL (Latín) Árbol de laurel. *Lorel, Laurell, Laural.*

LAURENCIA (Latín) De Lacio, Italia; Del Laurel. *Lauricia, Laurentina, Laurent, Lauriana.*

LEAH (Hebreo) La que se fatiga rápidamente; En la Biblia fue la esposa de Jacob. *Lea, Lee, Leia, Lia, Leigh.*

LEANDRA (Latín) Como una leona. *Leanda, Leandre, Leandria, Leiandra, Leodora, Leoine, Leoline, Leonelle.*

LEANNA (Inglés) Posible Comb. de Lee y Anna. *Leana, Leann, Leanne, Leeann, Lee-Ann, Leeanne, Leianne, Leyanne, Leigh-Anne, Leighanna, Lianne.*

LEILA (Árabe) Bella como la noche. *Lael, Laela, Laelle, Laila, Lailah, Laili, Laillie, Layla, Leelah, Leilah, Leilia, Lela, Lelah, Lelia, Leyla, Lila, Lilah, Lyla.*

LENA (Hebreo) La magnífica; La que vive sola en el torreón. *Linah, Lina, Lennah, Lenna, Lenka, Leni, Lene, Lenah.*

LENORE (Griego) Como una leona. *Lenor, Lenora, Lenorah, Lenorr, Lenorra, Lenorre, Leonora, Leonore.*

LEONA/LEONIE (Latín) Leona. *Leeona, Leeowna, Leoine, Leola, Leonda, Leondra, Leondrea, Leone, Leonela,Leonelle, Leoni, Leonia, Leonie, Leonila, Leonine, Leonline, Leontine, Leontyne, Leowna.*

LEONILDA (Germánico) Luchadora.

LEONOR/LEONORA (Árabe) Dios es mi luz. *Lanora, Leanor, Leanora, Leanore, Lenora, Lenore, Leonore, Leora, Ora, Norah.*

LEOPOLDA (Germano) La princesa del pueblo. *Leopoldina.*

LESLIE (Celta) Pequeña pradera; Fortaleza. *Lesliee, Leslee, Lezli, Leslea,*

Leslee, Lesleigh, Lesley, Lesli, Lesly, Lezlee, Lezley, Lezlie.

LETICIA (Germano) Alegría; Regocijo; Opulencia. *Letycia, Letty, Letizia, Letiticia, Letisia, Letishia, Letice, Leteshia, Letesha, Let, Laetitia, Laetizia, Latashia, Latia, Latisha, Leda, Leta, Letha, Letice, Leticia, Leticja, Letisha, Letizia, Letta, Lettice, Lettie, Lettitia, Letty, Letycja, Tish, Tisha.*

LEXIE (Griego) Forma corta de Alexis y Alexandra "la defensora de los hombres". *Lexa, Lexandra, Lexann, Lexi, Lexia, Lexina, Lexine, Lexus, Lexya.*

LIANA (Inglés) Colina. *Leana, Leanna, Leiana, Liahna, Liane, Liann, Lianna, Lianne.*

LIBBY (Inglés) Dim. de Elizabeth "la promesa de Dios". *Lib, Libbee, Libbey, Libbie, Libet, Liby, Lilibet, Lilibeth.*

LIBIA (Latín) Proviene del desierto. *Livia, Lybia, Libya.*

LICIA (Griego) La que nació con la primera luz. *Lisia, Lishia, Licha.*

LIDA (Griego) Amada por todos; Perseverante. *Lidah, Lyda.*

LIDIA (Latín) Natural de Lidia, Asia Menor. *Lydia.*

LIGIA (Griego) Melodiosa; Armoniosa; Flexible; Nombre de una sirena de la mitología griega.

LILA (Árabe) Flor del lirio; Derivado del latin "lilum" o lirio, símbolo de pureza; Noche. *Layla, Leila, Lilah, Lilia, Lyla, Lylah.*

LILIANA (Latín) Flor de lirio (símbolo de pureza); Gentilicio de Lilia, unión de Lilia y Ana. *Lily, Lilliana, Lillian, Liliane, Lilly.*

LILIBETH (Inglés) Comb. de Lili y Beth. *Lilibet, Lillibet, Lilybet, Lilybeth, Lilybell.*

LILLIAN (Latín) Nombre derivado de una flor llamada Lili. *Lila, Lili, Lilia,*

Lilian, Liliana, Liliane, Liliane, Lilias, Lilli, Lillia, Lilianna, Lilliana, Lilliane, Lilly, Lilliann, Lillianna, Lillianne, Lillie, Lillyan, Lillyanne, Lily, Lilyan, Lilyann.

LILY (Latín) Nombre de una flor del mismo nombre que simboliza la inocencia, pureza y belleza. *Leelee, Lil, Lila, Lilas, Lili, Lilia, Lilian, Liliana, Liliane, Lilias, Lilie, Lilla, Lilley, Lilli, Lillia, Lillianne, Lillie, Lillika, Lillita, Lilly, Lilyan, Lilyanne.*

LINA (Árabe) Suave; Luz; La que teje el lino. *Leena, Leina, Lena, Lyna.*

LINDA (Español) Que es bella. *Lin, Lind, Lindalee, Lindee, Lindey, Lindi, Lindie, Lindira, Lindka, Lindy, Linn, Lynda, Lynde, Lyndy, Lyn, Lynn, Lynne, Lynnda, Lynndie.*

LINETTE (Galés) Idolo. *Lanette, Lenette, Linet, Linetta, Linnet, Linnetta, Linnette, Lonette, Lynette, Lynnet, Lynnette.*

LINNEA (Escandinavo) Arbol de limas; En historia fue la flor nacional de Suecia. *Lin, Linea, Lenae, Linna, Linnae, Linnaea, Lynae, Lynea, Lynnae, Lynnea.*

LIONELA (Griego) Leoncito. *Lionella.*

LIORA (Hebreo) Luz. *Leeor, Leeora, Lior, Liorit.*

LIS (Latín) Hermosa como el lirio; Nombre de flor. *Liz.*

LISA (Germano) Célebre; La consagrada a Dios. *Leesa, Leeza, Liesa, Liisa, Lise, Lisebet, Liseta, Lisette, Lissa, Liszka, Liza, Lysa, Lyza.*

LISETTE (Francés) Que es lisa. *Lizette, Lizet, Lisett, Liseth, Lesete, Liseta, Liset.*

LIVIA (Latín) La de color verde oliva. *Livija, Livvy, Livy, Livya, Lyvia, Libia, Lybia, Libya.*

LIZ/LIZA (Inglés) Forma corta de Elizabeth "la promesa de Dios". *Leeza, Litsea, Litzea, Lizzie, Lyza.*

LIZBETH (Hebreo) Juramento; Consagrada a Dios. *Elizabeth, Lisbeth, Lizabeth, Lisabet, Lisabeth, Lisbet, Lizbet, Lyzbeth.*

LOLA (Latín) Alude a los dolores de la Virgen María. *Lolita, Lolah.*

LORA (Latín) Variante de Laura "laurel". *Lorabelle, Lorah, Loranna, Loreanna, Loree, Lorenna, Lorey, Lori, Loribelle, Lorinda, Lorita, Lorra, Lorrae, Lorree, Lorrie, Lory, Lowra.*

LORAINE (Francés) Que viene de la región de Lorena.

LOREA (Vasco) Es el nombre de uno de los personajes que aparecen en la novela histórica de Navarro Villoslada titulada "Amaya o los vascos en el siglo VIII".

LOREN/LORENA (Francés) Originaria de Lorena región de Francia; Incorregible; Versátil; Inconstante. *Loreen, Loreene, Lorene, Lorenea, Lorenia, Lorenna, Lorina, Lorraine.*

LORENZA (Latín) Victoriosa coronada de laureles. *Laurenca, Laurencia, Laurentina, Laurenza, Lorenzina.*

LORETA (Latín) La que acumula saber y gloria; Bella como un bosque de laurel. *Laretta, Larretta, Lauretta, Laurette, Leretta, Loretah, Loretta, Lorette, Lorita, Lorretta, Lowretta, Lore.*

LORI (Latín) Coronada con laurel. *Loree, Loria, Lorian, Loriana, Loriann, Lorianne, Loriel, Lorilee, Lorilynn, Lorinda, Lorri, Loris, Lory.*

LORRAINE (Latín) Suspiro. *Laraine, Larayne, Laurraine, Lorein, Leraine, Lerayne, Lorain, Loraina, Loraine, Lorayne, Lori, Lorine, Lorraina, Lorrayne.*

LOURDES (Francés) Que proviene de Lourdes en Francia; En religión es el lugar donde la Virgen María hizo su aparición. *Lourdecita, Lourdetta, Lourdette, Lurdes.*

LOUISE (Alemán viejo) Peleadora renombrada. *Aloisa, Aloise, Aloysia, Eloisa, Eloise, Heloisa, Heloise, Lluisa, Lois, Loise, Lola, Lolita, Lou, Louella, Louisa, Louisetta, Louisette, Louisina, Louisiana, Louisiane, Louisine, Louiza, Lovisa, Lowise, Loyise, Lu, Ludovica, Ludovika, Ludwiga, Luella, Luisa, Luise, Lujza, Lujzika, Lula, Lulita, Lulu.*

LUANA (Indígena) La más bella y alegre de la tribu. *Lewanna, Lou-Ann, Louann, Louanna, Louanne, Luanda, Luane, Luann, Luanna, Luannah, Luanne, Luannie, Luwana.*

LUCERO (Latín) Portadora de luz; Luminosa; Círculo de luz. *Lucerna, Lucerne.*

LUCIA (Latín) Luminosa; Portadora de luz. *Lucy, Luci, Lucilla.*

LUCIANA (Latín) La que nació a la luz del día.

LUCILA/LUCILLE (Latín) Luz; De buenas acciones. *Lucilla, Loucille, Luciela, Lucienne, Lucile, Lucilia, Lucilla, Lucyle, Luseele, Lusile.*

LUCINDA (Latín) Hija de la luz. *Cindy, Loucinda, Lucena, Lucina, Lucinna, Lusine.*

LUCRECIA (Latín) Afortunada; Que trae ganancias; De mucho dinero. *Lacrecia, Lacrissa, Lacrisha, Lacricia, Lacretia, Lacresia, Lacreshia, Lacresha, Lacreishia, Lucreshia, Crecia, Lacretia, Loucrecia, Loucresha, Loucretia, Loucrezia, Lucrece, Lucretia, Lucreecia, Lucreesha, Lucreisha, Lucresha, Lucrezia.*

LUCY (Latín) Luz. *Lou, Loulou, Lu, Luce, Lucetta, Lucette, Luci, Lucia, Luciana, Lucianna, Lucida, Lucie, Lucienne, Lucile, Lucilia, Lucilla, Lucille, Lucina, Lucinda, Lucine, Lucita, Lucyna, Lucyja, Lucza, Lusita, Luz, Luzija.*

LUISA (Germano) Famosa en la guerra; Ilustre guerrera. *Louisa, Lluisa, Louise, Luisana, Luiza.*

LUPE (Árabe) Forma reducida de Guadalupe "la que viene del valle del lobo". *Lupita, Lupi.*

LUZ (Latín) Que irradia claridad; La que trae la presencia de Dios; Advocación de la Virgen María de la Luz. *Luzi, Luzie, Luzy.*

LUZMILA (Eslavo) Amor del pueblo. *Ludmila, Lusmila.*

LYDIA (Griego) Que proviene de Lydia. *Lidia, Lidie, Lydie, Lyda, Lidija.*

LYNDSEY (Inglés) Campo cerca de un arroyo. *Lindsey, Lyndsay, Lyndsie, Lynsey, Lynzee, Lynzie.*

LYNELLE (Inglés) Bonita; Bella.

LYNETTE (Galés) Idolo. *Lynetta, Lanette, Linett, Linette, Linnet, Lynelle, Lynessa, Lynett, Lynnet, Lynnette.*

LYNN (Inglés) La cascada. *Lin, Linell, Linn, Linnell, Lyn, Lynae, Lyndel, Lyndell, Lynell, Lynelle, Lynette, Lynlee, Lynley, Lynna, Lynnard, Lynne, Lynnelle, Lynnett, Lynoll.*

LYSANDRA (Griego) Libertadora. *Lisandra, Lisandrina, Lisandrine, Lissandra, Lissandrina, Lissandrine, Lyssandra, Lizandra.*

MABEL (Inglés) Adorable; Digna de ser amada; Alegre. *Amabel, Amable, Amaybel, Amaybelle, Amayble, Mab, Mabelle, Mable, Maible, Maybel, Maybell, Maybelle, Mayble.*

MACARIA (Español y Griego) Aquella que fue bendecida por Dios. *Macarisa, Macarria, Maccaria, Makaria, Makarria.*

MACIELA (Latín) Delgadita; Esquelética; Muy flaca.

MACKENZIE (Irlandés) La hija del jefe de los magos. *Mickenzie,*

MacKenzie, Meckenzi, Mackensi, Mackenna, Macenzie.

MADDONA (Latín) Madre. *Madona, Madonna.*

MADELINE (Hebreo) Mujer de Magdala; Torre alta. *Dalanna, Dalenna, Lena, Lina, Lynn, Mada, Madalaina, Madaleine, Madalena, Madalene, Madaline, Madalyn, Madalynn, Madda, Maddelena, Maddie, Maddy, Madel, Madelaine, Madelayne, Madeleine, Madelena, Madelene, Madelia, Madelina, Madella, Madelle, Madelon, Madelyn, Madelyne, Madelynn, Madelynne, Madena, Madge, Madilyn, Madina, Madlen, Madlin, Madlyn, Mady, Madzia, Magda, Magdala, Magdalen, Magdalena, Magdalene, Magdalina, Magdaline, Magdalini, Magdeleine, Magdelina, Magdolna, Mahda, Maidel, Maighdlin, Mala, Malena, Malina, Marleah, Marleen, Marlen, Marlena, Marlene, Marline, Marlyne, Maud, Maude.*

MADISON (Inglés) N.U. La hija de Maud; Que es buena. *Madsen, Madisson, Madisen, Maddy, Maddison, Madyson, Madisyn.*

MAFALDA (Latín) Mujer sutíl.

MAGALI (Latín) Aquella que vive en lo más alto de la torre; Hermosa como la perla. *Magaly, Magally, Magalie, Margot, Rita.*

MAGDALENA (Hebreo) La que vive sola en el torreón; La magnífica. *Mahda, Magdelina, Magdaleana, Maggia, Maggie, Magdalene, Magdala.*

MAGGIE (Griego) Hija de la luz. *Maggia, Maggi, Mag, Magali, Maggey, Maggy, Magli, Maguy.*

MAGNOLIA (Latín) Flor grande; Arbol lleno de flores. *Nola, Maggie, Maggy.*

MAIA (Griego) La maternal; Nodriza; En mitología fue la más linda y amorosa de las siete hijas de Atlas y madre de

Hermes. *Maiah, Maaja, Maj, Maja, May, Maya, Mayah, Moia, Moja, Moya, Mya.*

MAITE (Vasco) La más amada o querida; Suave; Delicada; Encarnación. *Maitena.*

MALE (Tarasco) Muchacha.

MALENA (Hebreo) Magnífica habitante del torreón. *Malenna, Mallena.*

MALI (Tailandés) Flor de Jasmín. *Maley, Malea.*

MALIKA (Húngaro) Trabajadora. *Malikah, Malik, Maleka, Malak.*

MALIN/MALINA (Inglés) La fuerte guerrera.

MALINI (Hindú) Jardinera; Diosa hindú de la tierra. *Maliny.*

MALLORY (Alemán) El consejero de guerra; Consuelo. *Malory, Mallori, Mal, Lori, Mellory, Malorie, Mallary, Mallerey, Mallery, Malloreigh, Mallorey, Mallori, Mallorie, Malorey, Malori, Malorie, Malory.*

MALVINA (Germano) La que sabe conversar; Amiga de la justicia; Conservadora. *Mal, Malva, Malvie, Maveena, Mavina, Mel, Melva, Melvie, Melvina, Melvine.*

MANDISA (Xhosa) Dulce.

MANDOLINE (N. U.) Nombre de un instrumento de cuerda. *Mandalin, Mandalyn, Mandalynn, Mandelin, Mandellin, Mandellyn, Mandolin, Mandolyn, Mandolynne.*

MANDY (Latín) La que ama mucho. *Mandi, Manda, Mandie.*

MANUELA (Hebreo) La que trae la presencia de Dios. *Manuella, Manuelita, Manuala.*

MARA (Hebreo) La afligida; Amargura. *Marra, Maralina, Marah, Mahra, Marabel, Marabella.*

MARCELA (Latín) La del martillo o doncella guerrera; Nacida en marzo.

Marceliana, Marcelia, Marcele, Marcelina, Marcelinda, Marceline, Marcella, Marcelle, Marcellina, Marcelline, Marcelyn, Marchella, Marchelle, Marcie, Marcile, Marcilee, Marcille, Marcy, Maricel, Marquita, Marsalina, Marsella, Marselle, Marsellonia, Marshella, Marsiella.

MARCIA (Latín) La consagrada a Marte; La del martillo; Doncella guerrera. *Marcella, Marcena, Marcene, Marchia, Marchita, Marci, Marciana, Marciane, Marcianne, Marcie, Marcila, Marcile, Marcille, Marcilyn, Marcilynn, Marcina, Marcine, Marcita, Marcy, Marquita, Marsha, Marseea, Marsia, Martia.*

MARGARITA/MARGARET (Latín) Linda como una flor; Valiosa como la perla. *Greta, Gretal, Gretchen, Gretel, Grethel, Gretta, Grette, Gretl, Madge, Mag, Maggi, Maggie, Maggy, Maiga, Maighread, Mairead, Maisie, Maisy, Malgorzata, Marcheta, Marchieta, Marga, Margalit, Margalo, Margareta, Margarete, Margarethe, Margaretta, Margarette, Margarida, Margarit, Margarite, Margaritte, Margaruite, Marge, Marged, Margeen, Margeret, Margeretta, Margerie, Margerita, Margery, Marget, Margette, Margey, Marghanita, Margharita, Margherita, Marghretta, Margie, Margies, Margisia, Margit, Margita, Margize, Margo, Margot, Margred, Margret, Margrete, Margreth, Margrett, Margrit, Margrid, Marguarette, Marguarita, Marguerita, Marguerite, Marguita, Margy, Marit, Marjery, Marjey, Marji, Marjie, Marjorey, Marjorie, Marjory, Marketa, Marketta, Markie, Markita, Marquetta, Meg, Megan, Meggi, Meggie, Meggy, Meghan, Meta, Mette, Meyta, Peg, Pegeen, Peggie, Peggy, Rita.*

MARGERY (Francés) Variante de Marjorie. *Marchery, Marge, Margeree, Margerey, Margerie, Margey, Margi, Margy, Marje, Marjerie, Marjery, Marjie, Marjorey, Marjori, Marjorie, Marjory, Marjy.*

MARIA (Hebreo) Amada por Dios; Mujer del mar; La elegida. En la Biblia fue la madre de Jesús. *Maree, Mariah, Marialena, Marialinda, Marialisa, Marie, Marieanne, Marielena, Marietta, Mariette, Marika, Marja, Marya, Mayra, Mayria, Moraiah, Moriah.*

MARIAN/MARIANA (Latín) Contracción de María: la elegida y Ana: la llena de gracia. *Marien, Marianda, Mariane, Marianela, Mariann, Marianna, Maryam, Maryan, Maryana, Maryann, Maryanna.*

MARIANNE (Hebreo) Amarga. *Mariana, Marianda, Mariane, Mariann, Marianna, Marien, Maryam, Maryan, Maryann, Maryanna.*

MARIBEL (Hebreo) La bella y perfecta; Comb. de María e Isabel. *Marabel, Maribell, Maribella, Maribelle, Marybelle, Meribel, Meribella, Meribelle, Marybel.*

MARICELA (Hebreo) Composición de María y Celia. *Maricella, Maricelia, Mariceli, Maricel, Marcella.*

MARIEL (Hebreo) Perfecta. *Marlene, Marielie, Marieli, Marial, Marella, Marelle, Marial, Marieke, Mariela, Marlele, Mariella, Marielle, Mariet, Marijke, Marilla.*

MARIELA (Latín) Soberana.

MARIETA (Hebreo) La perfecta.

MARIGOLD (Hebreo) De oro; En botánica es una planta con flores amarillas o anaranjadas.

MARILÚ (Hebreo) De luz. Comb. de María y Luz.

MARILYN (Hebreo) Descendiente de María. *Maralin, Maralyn, Maralynn, Marelyn, Marilee, Marilin, Marillyn, Marilynn, Marilynne, Marlyn, Marralynn, Marrilin, Marrilyn, Marylin, Marylyn, Marylynn.*

MARINA (Latín) La que ama el mar; Proveniente del mar. *Marine, Marena,*

Marinah, Marinda, Mareen, Mareena, Mareina, Marena, Marine, Marinda, Marinell, Marinella, Marinelle, Marinna, Marna, Marne, Marnetta, Marnette, Marni, Marnie, Maryn.

MARION (Latín) La perfecta y graciosa. *Marrion.*

MARISA/MARISSA (Hebreo) Del mar. *Marrisa, Mariza, Mareesa, Mareisa, Maressa, Marysa, Marysia, Moreisa, Morisa, Morysa, Maressa, Maricia, Marisabel, Marisha, Marisse, Maritza, Mariza, Marrissa, Maryssa, Meris, Merissa, Meryssa, Morissa.*

MARISELA (Hebreo) Comb. de María con Celia. *Merissela, Marisella, Maresella, Maricella, Maryzela.*

MARISOL (Latín) Unión de María que significa: La Elegida y Sol: que tiene una fe luminosa. *Marysol.*

MARITZA (Árabe) Bendita. *Maritssa, Maritsa.*

MARJORIE (Inglés) Variante de Margaret: perla. *Marcharie, Marge, Margeree, Margerie, Margery, Margey, Margi, Margie, Margy, Marja, Marje, Marjerie, Marjery, Marji, Marjie, Marjorey, Marjory, Marjy.*

MARLENE (Latín) La que es bella como el resplandor del sol; Torre alta. *Marla, Marlah, Marlaina, Marlana, Marlane, Marlayna, Marlayne, Marlea, Marlee, Marleen, Marleena, Marleene, Marleina, Marlen, Marlena, Marleni, Marley, Marlie, Marlin, Marlina, Marline, Marlyn, Marlynne, Marna.*

MARLISA (Latín) Comb. de María y Lisa. *Marlise, Marlisha, Marliss, Marlissa, Marlys, Marlyse, Marlyssa.*

MARTA/MARTHA (Hebreo) La que reina en el hogar; Pesarosa o provocativa; En la Biblia fue la hermana de la Virgen María. *Maita, Maitia, Maite, Maarva, Marfa, Marhta, Mariet, Marit, Mart, Marte, Martella, Martelle, Marth, Marthe, Marthena, Marthine,*

Marthini, Marthy, Marti, Martie,
Martina, Martita, Martje, Martta, Marty,
Martynne, Martyne, Marva, Mata,
Matha, Matti, Mattie, Mirtha, Pat,
Pattie.

MARTINA (Latín) La consagrada al
dios Marte o nacida en marzo.
Martiniana, Martinia, Marthina, Marta,
Marteena, Marteina, Martie, Martine,
Marty, Tina, Tine.

MARY (Hebreo) Estrella de mar; Mar de
amarguras. *Mair, Mal, Malia, Mallie,*
Mame, Mamie, Manette, Manon, Manya,
Mara, Marabel, Marabelle, Mare,
Maree, Marella, Marelle, Maren,
Maretta, Marette, Maria, Mariam,
Marian, Mariana, Mariann, Marianna,
Marianne, Marice, Maridel, Marie,
Mariel, Mariela, Mariella, Marielle,
Marietta, Mariette, Marilee, Marilin,
Marilla, Marilyn, Marin, Marion,
Mariquilla, Mariquita, Mariska, Marita,
Maritsa, Maritza, Marja, Marjan, Marje,
Marla, Marlo, Marya, Maryann,
Maryanne, Marybel, Marybell,
Marybeth, Maryjo, Marylee, Marylin,
Marylou, Marylu, Marysa, Maryse,
Marysia, Masha, Maura, Maure,
Maureen, Maurene, Maurine, Maurise,
Maurita, Maurizia, Mavra, May, Mayme,
Maymie, Mayra, Mayria, Meridel,
Meriel, Mimi, Minette, Minnie, Minny,
Miriam, Mitzi, Moira, Moire, Moll,
Mollie, Molly, Morag, Moya, Muire,
Murial, Muriel, Murielle, Poll, Polly.

MATILDA (Germano) Fuerza;
Combatiente poderosa. *Mafalda,*
Maffalda, Maitilde, Maltilda, Matilde,
Mat, Matelda, Mathilda, Mathilde,
Matilde, Matti, Mattie, Matty, Maud,
Maude, Maudie, Tilda, Tilde, Tildie,
Tildy, Tilli, Tillie, Tilly.

MATRIKA (Hindú) Mamá; Es otro
nombre que se le da a la diosa hindú
Shakti. *Matrica.*

MAURA (Latín) La de piel morena;
Oscura. *Maurah, Moira, Mora, Morah.*

MAUREEN (Griego) Estrella de mar;
Oscuridad. *Maura, Maurene, Maurianne,*
Maurine, Maurisa, Maurise, Maurissa,
Maurita, Maurizia, Mavra, Moira, Mora,
Moreen, Morena, Morene, Moria,
Morine.

MÁXIMA/MAXINE (Latín) La grande.
Maxina, Maxie, Maxa, Massima, Max,
Maxeen, Maxena, Maxence, Maxene,
Maxi, Maxie, Maxime, Maximina, Maxin,
Maxy.

MAXIMILIANA (Latín) La mayor de
todas.

MAYRA (Latín) Maravillosa; Hermosa.
Maira, Maire, Mairi, Moira, Myra.

MAYTE (Latín) Nombre Comb. por
María y Teresa.

MEGAN (Griego) Fuerte; Capaz;
Grandiosa perla. *Meghan, Meggan,*
Magen, Magan, Maegan, Maygan,
Meagan, Meaghan, Meg, Megen,
Meggan, Meggi, Meggie, Meggy,
Meghann, Meghanne, Meighan.

MEGARA (Griego) En mitología fue la
primera esposa de Hércules.

MEIRA (Hebreo) Luz. *Meera.*

MELANIA (Latín) De piel negra.

MELANIE (Griego) De piel oscura.
Malaney, Malanie, Meilani, Mel, Mela,
Melaina, Melaine, Melainey, Melana,
Melane, Melanee, Melaney, Melani,
Melania, Melanney, Melannie, Melantha,
Melany, Mella, Mellanie, Melli, Mellie,
Melloney, Melly, Meloni, Melonie,
Melonnie, Melony, Milena.

MELINA (Latín) Canario amarillo;
Dulce doncella. *Malina, Mallina,*
Meleana, Meleena, Melene, Melibella,
Melibelle, Meline, Melinia, Mellina.

MELINDA (Griego) Aquella que canta
armoniosamente; Abeja de miel. *Linda,*
Lindy, Linnie, Lynda, Maillie, Malina,
Malinda, Malinde, Mallie, Mally,
Malynda, Mandy, Melina, Melinde,
Meline, Mellinda, Melynda.

MELISA (Griego) Laboriosa como la abeja. *Lisa, Malissa, Mallissa, Mel, Melesa, Melessa, Melicent, Melicia, Melisia, Melissa, Melisande, Melise, Melisanda, Melisent, Melisha, Melisse, Melitta, Meliza, Mellicent, Mellie, Mellisa, Melly, Melosa, Milli, Millicent, Millie, Millisent, Millissent, Milly, Missie, Missy, Mollisa.*

MERCEDES (Español) La que trae las bendiciones y recompensas; Advocación a la Virgen María. *Mercedis, Mercede, Merced, Mercaedes, Mercedita.*

MEREDITH (Galés) Guardiana del mar. *Meradith, Meredeth, Meredithe, Meredy, Meredyth, Meridith, Merridie, Merry.*

MÍA (Latín) Eres mía. *Mea, Meya, Miah, Mya.*

MICAELA (Español) Quién como Dios? Se usa en español en lugar de Miguela. *Macaela, MacKayla, Mahalya, Maika, Maikala, Makayla, Makyla, McKayla, Mechaela, Meeskaela, Mekea, Micaella, Micaila, Michael, Michaela, Michaelina, Michaeline, Michaila, Michal, Michala, Michalin, Michele, Michelina, Micheline, Michelle, Mickee, Mickie, Miguela, Miguelina, Miguelita, Mihaila, Mihalia, Mihaliya, Mikaela, Mikayla, Mikella, Mikelle, Mikhaila, Mikhayla, Mischaela, Mishaila, Miskaela, Mycaila, Mychaela.*

MICHELLE (Francés) Quién como Dios? *Chelle, Machele, Machell, Machelle, Mashelle, M'chelle, Mechelle, Meechelle, Me'Shell, Meshella, Mia, Micaela, Michaela, Michaelina, Michaeline, Michaella, Michal, Michel, Michela, Michele, Michelina, Micheline, Michell, Michella, Micki, Mickie, Midge, Miguela, Miguelita, Mikaela, Miquela, Misha, Mishaelle, Mishele, Mishelle, Mitchelle, M'shell, Mychele, Mychelle, Myshell, Myshella.*

MILDRED (Anglosajón) Generosa en el poder; La que aconseja. *Mildreda, Mildrid, Mil, Millie, Milly.*

MILENA (Hebreo) La que por mandato divino es perdonada. *Mila, Milada, Milana, Miladena, Milanka, Mileena, Mlada, Mladena.*

MILIANI (Hawaiano) Caricia. *Milanni, Mililani, Millani, Millian.*

MILOSLAV (Checo) La amante de la gloria. *Milda, Mil.*

MIMI (Germano) Luchadora brava; La fuerte oponente. *Meemee, Mim.*

MINA (Persa) Cielo azul; La protectora. *Mena, Min, Minette, Minna, Minnette, Minnie, Minetta, Minne, Minny.*

MINERVA (Griego) De gran sabiduría; En mitología fue la diosa de la magia.

MINETTE (Francés) Defensora fiel. *Minita, Minnette.*

MIRA (Latín) Maravillosa. *Mirah, Mirra.*

MIRABEL (Latín) Hermosa doncella. *Meribel, Meribelle, Mira, Mirabell, Mirabella, Mirabelle.*

MIRANDA (Latín) Maravillosa; Culta; Educada y admirable. *Maranda, Meranda, Mira, Miran, Miranada, Mirandah, Mirandia, Mirella, Mirelle, Mirinda, Mirra, Mirranda, Myra, Myranda, Myrella, Myrilla, Myrrilla, Randa, Randi, Randie, Randy.*

MIRELLA (Italiano) Milagrosa; La maravilla. *Mireya, Mirel, Mireil.*

MIRIAM (Hebreo) Mar de amarguras; En la Biblia es la forma original de María; La elegida. *Mariam, Maryam, Meriam, Meryam, Mimi, Miram, Mirham, Miri, Miriama, Mirjam, Mirjana, Mirriam, Miryam, Mitzi, Mitzie, Miyana, Miyanna, Myriam.*

MIRNA (Griego) Dolorosa; Pesarosa; La suavidad del perfume. *Myrna.*

MIROSLAVA (Eslavo) La que promueve la paz y la palabra de Dios; Inalcanzable. *Miroslaw, Miroslaba.*

MIRTA (Griego) Símbolo de la belleza; Corona de mirtos. *Meerta, Meertha, Mirtha, Mitra.*

MIRZA (Persa) Señora de alcurnia.

MISTY (Inglés) Neblina. *Mistey, Misti, Mistie, Mistin, Mystee, Mysti.*

MIZTLI (Mexicano) Pantera negra.

MONA (Celta) Mujer noble.

MONET (Francés) N.U. Claude Monet fue pintor líder del Renacimiento. *Monay, Moné.*

MONICA (Griego) Solitaria; Afecta a la soledad; La viuda. *Mona, Monca, Monia, Monic, Monicia, Monicka, Monika, Monike, Moniqua, Monique, Monn, Monnica.*

MONSERRAT (Catalán) N.U. Advocación catalana de la Virgen María; Monte en forma de sierra y escarpado. *Montzé.*

MORGAN/MORGANA (Celta) Mujer que proviene del mar. *Morgaine, Morgance, Morgin, Morgane, Morganica, Morgann, Morganne, Morgayne, Morgen.*

MOSELLE (Hebreo) Corriente de agua. *Mozelle, Mosella, Mosette, Moiselle, Moisella.*

MYRA (Latín) Soñadora; Poción aromática. *Maira, Mira, Myrah, Myree, Myriah.*

MYRNA (Griego) Suave como un buen perfume. *Meirna, Merna, Mirna, Moina, Morna, Moyna, Muirna, Murna.*

MYRTLEY (Latín) Nombre botánico y de la naturaleza; Arbusto de hojas perennes el cual fue sagrado a Venus como símbolo del amor. *Mertice, Mertis, Mertle, Mirtie, Myrta, Myrtia, Myrtice, Myrtie, Myrtis.*

NADIA (Árabe) Esperanza; La que recibió el llamado de Dios. *Nada, Nadea, Nadege, Nadejda, Nadezhda, Nadiah, Nadie, Nadija, Nadine, Nadiya, Nadja,* *Nady, Nadya, Nadyenka, Nadzia, Nata, Natka.*

NADINA (Eslavo) La que mantiene la esperanza.

NADINE (Francés) Esperanza. *Nadeen, Nadena, Nadene, Nadie, Nadina, Nadyna, Nadyne, Naydeen.*

NADIRA (Árabe) Preciosa; Rara. *Nadirah, Nadra.*

NAFTALI (Hebreo) N.U. Quien tiene cólera. *Naftalie, Naftallie.*

NAHID (Persa) En mitología fue otro nombre dado a Venus, la diosa del amor y la belleza.

NAIRI (Armenio) Tierra de cañones; En historia fue el nombre de la antigua Armenia. *Nayri, Naire, Naira.*

NANCY (Hebreo) La llena de gracia. *Nainsey, Nainsi, Nance, Nancee, Nancey, Nanci, Nancie, Nancsi, Nanice, Nann, Nanncey, Nanncy, Nannie, Nanny, Nansee, Nansey, Nansi.*

NAOMI (Latín) Mi encanto; La que lleva consuelo; Hermosa. *Naoma, Naomia, Naomie, Naomy, Navit, Nayomi, Neoma, Neomi, Noami, Noémi, Noemí, Noémie.*

NARCISA (Griego) Que se adormece; Flor de Narciso. *Narcissa, Narissa, Narcisse, Narcyssa, Narkissa, Narsissa.*

NARDA (Griego) Llena de alegría.

NARELLE (Australiano) Mujer del mar. *Narel.*

NASHELLY/NALLELY (Zapoteca) Yo te amo; Te quiero. *Nayelli, Nashelli, Nashiely.*

NATALIA/NATALIE (Latín) Nacida en Navidad. *Natacha, Natie, Nthaly, Natalle, Natalina, Natalija, Nat, Natalya, Nata, Natala, Natalee, Natalene, Natali, Nataline, Nataliya, Natalja, Nataly, Natasha, Natelie, Nately, Nathalee, Nathalia, Nathalie, Nathaliely, Nathalija,*

Nathaly, Natilie, Natividad, Nattie, Nattilie, Nettie, Talia, Talya, Tasha.

NATASHA (Ruso) Natividad. *Natacha, Natisha, Natacia, Natachia, Natascha, Natasa, Nahtasha, Nastaliya, Nastalya, Natacha, Natascha, Natashenka, Natashia, Natasia, Natosha, Natucha.*

NATIVIDAD (Latín) Hace referencia al nacimiento de Cristo.

NAVA (Hebreo) Hermosa. *Navit, Naveh, Navah.*

NEFTALÍ (Hebreo) N.U. A la que Dios ayuda en la lucha. Este nombre debe ir acompañado por otro que indique sexo.

NELIA (Español) De color amarillo. *Nillie, Nila, Nelka, Neli, Nela, Neelia.*

NÉLIDA (Griego) Dios es mi luz; La que tiene misericordia.

NELLE (Griego) Piedra.

NELLY (Hebreo) Dios es mi luz. *Nel, Nela, Nelda, Nelida, Nell, Nella, Nellene, Nellie, Nellwen, Nellwin, Nellwyn, Nora.*

NEREIDA (Griego) Una de las ninfas del mar, amante de los ríos, el mar y los lagos. *Nerida, Nreyida, Nereyda.*

NERINA/NERINE (Latín) Perla; Que vive en la región de Nera (río de Umbria); Ninfa de los mares interiores. *Narine, Narice, Narissa, Nerice, Nerida, Nerissa, Neryssa.*

NICOLE (Griego) La que lleva el pueblo a la victoria. *Colette, Necole, Nica, Nicci, Niccole, Nichol, Nichole, Nicholle, Nickey, Nickol, Nickole, Nicol, Nicola, Nicoletta, Nicolette, Nicoli, Nicoline, Nicolle, Nicolle, Nikita, Nikki, Nikkole, Nikky, Niko, Nikol, Nikola, Nikole, Nikoleta, Nikoletta, Nikolia, Niquole, Niquolle, Nocole, Nychole, Nycholl, Nycole, Nykia, Nykole, Nykolia, Nyquole, Nyquolle.*

NIDIA (Latín) Dulce y bondadosa; Ave recién salida del nido. *Nydia, Nidya, Nidi.*

NIKKI (Inglés) Forma corta de Nicole. *Nicci, Nicki, Nickie, Nicky, Niki, Nikia, Nikita, Nikkey, Nikkie, Nikky.*

NIKITA (Ruso) Triunfadora. *Niquita, Nikki, Nikitta, Nikitia, Nikitah, Nakita, Niki.*

NINA (Hebreo) Graciosa; Pequeña niña. *Neena, Neenah, Neina, Nena, Neneh, Nenna, Ninacska, Ninah, Nineta, Ninete, Ninetta, Ninette, Ninna, Ninnette, Ninochka, Ninon, Ninosca, Ninoska, Ninotchka, Nyna.*

NOEMI (Hebreo) Dulzura; Mi encanto; Bella; Agradable. *Nomi, Nohemi, Noemy, Noam.*

NOLA (Latín Irlandés y Gaélico) Campanita; Campeona. *Nuala, Nolana, Noland, Nolanda, Nolen, Nolene, Nolin, Nolynn, Nollan.*

NORA (Griego) Dios es mi luz. *Lanora, Nohra, Nonie, Noora, Norah, Norella, Norelle, Norissa, Norry.*

NORELL (Escandinavo) Que proviene del Norte. *Norely, Norela, Narelle, Narell.*

NORMA (Latín) La que reglamenta; Modelo; Regla. *Noma, Norm, Normi, Normie, Normina.*

NUBIA (Latín) Nube.

NYDIA (Latín) Perteneciente al nido. *Needia, Nidia.*

ÑAMBI (Guaraní) Hierba curativa.

OBDULIA (Latín) Fiel y creyente; Sierva de Dios; La que quita penas y dolores.

OCTAVIA (Latín) Octava hija de la familia. *Octabia, Octaviah, Octaviana, Octavianne, Octavie, Octiana, Octivia, Octoviana, Ottavia, Tavia, Tavie, Tavy.*

ODA (Germánico) Dueña y señora.

ODALIS (Peruano) Niña buena, sabia e inteligente.

ODELIA (Hebreo) Yo adoraré a Dios. *Oda, Odeelia, Odele, Odelina, Odelinda, Odella, Odellia, Odette, Odila, Odilia, Ottilie, Udele, Udelia, Udilia.*

ODESSA (Griego) Viaje largo; Odisea. *Odessia, Odissa, Odyssa, Odyssia.*

ODETTE (Griego) Cancioncita; Aquella que es feliz; Tesoro.

ODILA/ODILIA/ODILE (Germano) La que es dueña de cuantiosos bienes.

OFELIA (Griego) La caritativa; La que socorre a los demás. *Availia, Filia, Ofilia, Ophelia, Ophélie, Ophelya, Ophilia, Ovalia, Ovelia, Phelia, Ubelia, Uvelia.*

OLGA (Ruso) La sublime; Próspera; Invulnerable; Alegría. *Elga, Helga, Ola, Olenka, Olia, Olva.*

OLIMPIA/OLYMPIA (Griego) Cielo; Perteneciente al Olimpo (morada de los dioses). *Olimpe, Olimpia, Olimpiada, Olimpiana, Olypme, Olympie.*

OLINDA (Latín) Escencia.

OLIVIA (Latín) Que trae la paz; Derivado del árbol de oliva (aceituna). *Alivia, Liv, Liva, Livia, Livvie, Livvy, Olia, Oliff, Oliffe, Oliva, Olive, Oliveea, Olivet, Olivetta, Olivette, Olivi, Olivija, Olivine, Olivya, Ollie, Olva.*

ONEIDA (Nativo Americano) Aquella que es esperada con impaciencia. *Onida.*

OPAL (Hindú) Piedra preciosa. *Opalina, Opaline, Opalinna, Opall.*

OPHELIA (Griego) Ayuda; Aquella que le gusta ayudar a los demás. *Availia, Filia, Ofelia, Ofilia, Ophélie, Ophelya, Ophilia, Ovalia, Ovelia, Phelia, Ubelia, Uvelia.*

OPHRAH/OPRAH (Hebreo) Oro. *Afra, Aphra, Ofra, Ofrit, Orpa, Orpah, Orphie.*

ORALIA (Latín) Soplo; Brisa. *Aurelle, Oralee, Oralie, Oralis, Orelia, Orelie,*

Oriel, Orielda, Orielle, Oriena, Orlena, Orlene.

ORINDA (Hebreo) Arbol de pino. *Orenda.*

ORNELLA (Italiano) La que es como el fresno florido.

OTILDE/OTTHILD (Germano) Dueña de cuantiosa herencia. *Otthilda, Ottila, Ottilia, Ottilie, Ottiline, Ottoline, Otylia.*

OTILIA (Germano) La inquieta; Dueña de muchos bienes; Suertuda. *Otylia, Otila, Otiliah.*

OVIDIA (Germánico) La que cuida las ovejas.

OZARA (Hebreo) Riqueza; Tesoro.

PADMA/PADME (Hindú) Flor de Loto.

PAIGE (Inglés) Muchachita. *Padget, Padgett, Page, Paget, Pagett, Payge.*

PALOMA (Latín) Símbolo de la paz; Paloma; Apacible y mansa. *Palloma, Palometa, Palomita, Peloma.*

PAMELA (Griego) Amante de la belleza; Toda miel, toda dulce. *Pam, Pama, Pamala, Pamalla, Pamelia, Pamelina, Pamelin, Pamella, Pamelyn, Pamelynne, Pamilla, Pammela, Pammie, Pammy, Permelia.*

PANDORA (Griego) Poseedora de todos los dones y virtudes; En mitología fue la mujer que recibió muchos regalos de los dioses como belleza, magia y creatividad. *Dora, Doura, Pandorah, Pandorra, Pandoura, Pandy, Panndora.*

PANFILA/PANPHILA (Griego) Todo amor, toda ternura. *Panfyla, Panphyla.*

PANSY (Griego) Fragancia; Flor. *Pansie, Pansi.*

PAOLA (Latín) La pequeña; La tierna. *Paolina, Paoli.*

PARIS (Griego) N.U. Que ayuda desinteresadamente; Capital de Francia; En mitología fue el príncipe troyano quien empezó la guerra de Troya. *Parish,*

Parisa, Paries, Parys, Parris, Parie, Parese, Pares, Paree, Paras.

PARKER (Inglés viejo) La cuidadora del parque.

PASCUALA/PASCUALINA (Hebreo) La que nació en fiestas pascuales. *Pascalette, Pascaline, Pascalle, Pascha, Paschale, Pashelle, Pascua.*

PATRICIA (Latín) Mujer de la nobleza; La que destaca. *Paddy, Pat, Patreece, Patreice, Patrica, Patrice, Patricka, Patrina, Patrisha, Patrishia, Patrisia, Patrisse, Patrizia, Patryce, Patsy, Patte, Pattee, Pattey, Patti, Pattie, Patty, Tricia, Trish, Trisha, Trissa.*

PAULA/PAULINA (Latín) Pequeña; De baja estatura. *Paola, Paolina, Paule, Pauletta, Paulette, Pauli, Paulie, Pauline, Paulita, Paulla, Paullette, Pauly, Pavia, Pavla, Pola, Polina, Pollie, Polly.*

PEARL/PERLA (Inglés) Perla. *Pearla, Pearle, Pearleen, Pearlette, Pearlie, Pearline, Perl, Perla, Perle, Perlette, Perley, Perline, Perlita, Perlline.*

PENELOPE (Griego) Tejedora; En mitología fue la leal esposa de Odiseo, héroe de Grecia. *Pen, Penelopa, Penina, Penna, Pennelope, Penney, Pennie, Penny.*

PETRA (Latín) Piedra; Firme como la roca. *Pella, Pernilla, Pernille, Perrine, Pet, Peta, Peterina, Peternella, Petria, Petrina, Petrine, Petronela, Petronella, Petronelle, Petronia, Petronija, Petronilla, Petronille, Petrova, Petrovna, Pier, Piera, Pierette, Pierrette, Pietra.*

PETRONA (Latín) Que pertenece a la noble familia romana Petronia.

PETRONILA (Etrusco) Hija de Pedro; Inconforme con todo.

PHILANA (Griego) Amante de la humanidad. *Filania, Filanna, Phila, Philanna, Philena, Philene, Philina, Philline, Phillane, Phillina.*

PHILIPPA (Griego) Amante de los caballos. *Felipa, Filipa, Filipina, Filippa, Flip, Pelipa, Pelippa, Phil, Philana, Philette, Philina, Philipa, Philippe, Philippine, Phillie, Phillipa, Phillipina, Philly, Pippa, Pippie, Pippy.*

PHILOMENA (Griego) Canción de amor. *Filimena, Filomena, Filomene, Filumena, Philomène, Philomina.*

PHOEBE (Griego) Resplandor. *Febe, Pheabe, Phebe, Pheby, Pheobe, Phoebey, Phoeboe.*

PHYLLIS (Griego) El verdor de la hierba; En mitología griega fue un personaje que muere por amor y después es transformado en un árbol de almendras. *Filis, Fillis, Fillys, Fyllis, Philis, Phillis, Philys, Phylis, Phyliss, Phyllida, Phyllie, Phylliss, Phyllys.*

PIA (Latín) La que observa las reglas y ritos religiosos; Piadosa; Devota; Mística.

PIEDAD (Castellano) Afecta al culto; Piadosa.

PILAR (Latín) La intuitiva; Columna. *Pillar.*

PILIA (Zapoteca) Bonfilia.

PIMPINELA (Latín) Como la flor.

PIREN (Mapuche) Nieve. Debe acompañarse con otro nombre que indique sexo.

POLLY (Inglés y Irlandés) Variante de Molly. *Poll, Pollee, Polley, Polli, Pollie, Pollyanna.*

PORCIA/PORTIA (Latín) Propuesta. *Porsha, Porscha, Porcha.*

PRISCILA (Latín) De otra época; La antigua; La que refleja otro tiempo. *Cilla, Percilla, Pracilla, Precilla, Prescill, Prescilla, Presilla, Pricila, Pricilla, Pris, Prisca, Priscella, Prisciliana, Priscilla, Priscylla, Prisila, Prisilla, Prissie, Prissy, Prysilla.*

PRUNELA (Latín) Planta de ciruelo. *Prunella, Prunelah.*

QITARA (Árabe) Deliciosa fragancia. *Quitura, Qeturah, Quetura, Queturah.*

QUANAH (Comanche) Fragancia. *Quan.*

QUEENA (Inglés) Reina. *Queen, Kueena.*

QUEENIE (Inglés) Reina.

QUERIMA (Árabe) La generosa.

QUESTA (Francés) Que investiga.

QUETZALKEN (Maya) N.U. Quetzal vestido.

QUETZALTZIN (Maya) N.U. Mujer muy bella.

QUETZALZIKIATL (Maya) N.U. Respetable quetzal.

QUINCY (Irlandés) N.U. Quinta. *Quincia, Quinci, Quincey, Quintana, Quinsy.*

QUINTESSA (Latín) Escencia. *Quintosha, Quintesa.*

RACHEL (Hebreo) Una oveja. *Racha, Rachael, Racheal, Rachela, Rachelanne, Rachelce, Rachele, Racheli, Rachell, Rachelle, Rachil, Rae, Raechel, Raechell, Rahel, Rahil, Rakel, Raquel, Raquela, Raquella, Raquelle, Rashell, Rashelle, Ray, Raychel, Raychelle, Ruchel, Rachelanne, Rachelce, Rashell, Rashelle, Raychel, Rechell, Shell, Shelley, Shellie, Shelly.*

RAFAELA (Hebreo) La medicina de Dios; Dios sana. *Raphaela, Rafaella, Rafaelia, Rafa, Raffaella, Raffaela, Raffaele, Rafella, Rafelle, Raphaella, Raphaelle, Raphayella, Raphella, Refaella, Refella, Rephaela, Rephayelle.*

RAMONA (Germánico) Protectora sensata; La protectora que da buenos consejos; Sabia. *Mona, Rae, Raman, Ramee, Ramie, Ramoena, Ramohna, Ramonda, Ramonde, Ramonita,* *Ramonna, Ramowna, Remona, Remonna, Romona, Romonda, Romonde, Romonia.*

RAQUEL (Hebreo) Oveja del Señor; En la Biblia fue la esposa de Jacob. *Rachel, Racquel, Racquell, Rakel, Raquela, Raquella, Raquelle, Riquel, Roquel.*

REA (Griego) Mascota; Flor. *Reah.*

REBECA (Hebreo) De belleza encantadora; Añeja; Antigua; En la Biblia fue la esposa de Isaac. *Becca, Beck, Becka, Beckah, Becke, Beckee, Becker, Beckey, Becki, Beckie, Becky, Beki, Bekka, Bekki, Bekkie, Reba, Rebakah, Rebba, Rebbeca, Rebbecca, Rebbecka, Rebbie, Rebecah, Rebecca, Rebeccah, Rebeccea, Rebeccka, Rebecha, Rebecka, Rebeckah, Rebeckia, Rebecky, Rebeha, Rebeka, Rebekah, Rebekha, Rebekka, Rebekkah, Rebekke, Rebeque, Ree, Reeba, Reveka, Revekah, Revekka, Rheba, Ribecca, Riva, Rivah, Rivalee, Rivekka, Rivi, Rivka, Rivkah, Rivy.*

REGINA (Latín) La reina poderosa. *Gina, Raina, Raine, Rega, Regan, Regeena, Regena, Reggi, Reggie, Regine, Régine, Reginette, Reginia, Reginna, Reina, Reine, Reinetta, Reinette, Rejine, Reyna, Rina, Riona, Rionagh.*

REINA (Latín) Advocación de la Virgen María; La reina poderosa. *Reinah, Reinella, Reinelle, Reinette, Reinna, Renia, Reyna, Reynalda, Reynelle.*

RELINDA (Germánico) La princesa bondadosa.

RENATA (Latín) Vuelta a nacer; Renacida. *Ranae, Ranata, Ranay, Renada, Renae, Renate, Renatta, René, Renée, Renelle, Renetta, Renette, Renie, Renisa, Renise, Renita, Rennae, Rennay, Rennie, Rinata.*

RENE/RENÉE (Francés) N.U. Vuelto a nacer. Este nombre debe ir acompañado por otro que indique sexo. *Renee, Renny, Renay, Renault, Renat, Ranae, Ranay, Ranée, Renae, Renata, Renay, Renaye,*

René, Reneisha, Renell, Renelle, Renie, Renisha, Renita, Renne, Rennie, Renny, Rhianaye, Rrenae.

REYNA (Griego) Mujer tranquila y pacífica. *Reyni, Reynaya, Reina.*

REYNALDA (Alemán) Consejera del rey. *Reinalda.*

RHEA (Griego) Río; En mitología fue la madre de Zeus. *Rea, Reya, Rhae, Rhaya, Rhia, Ria.*

RHONDA (Galés) Que impresiona; Grandiosa. *Larhonda, Rhondelle, Rhondene, Rhondiesha, Rhonette, Rhonnda, Ronda, Rondel, Rondelle, Rondi, Ronnda.*

RIANA (Celta) Pequeña reina. *Rhiane, Rhianna, Riane, Rianna, Rianne, Ryann, Ryanne.*

RIHANA (Árabe) Dulce albahaca. *Rianna, Rhiana, Rihanna.*

RILEY (Irlandés) De gran valentía. *Reilley, Reilly, Rielly, Riely, Rilee, Rileigh, Rilie, Rylee, Ryley.*

RINA (Germánico) Que posee el don divino. *Rinah.*

RIONA (Irlandés) Santa; Pura. *Rionach, Rionagh, Rionna, Rionnagh, Rionnah.*

RITA (Latín) La que aboga por los imposibles; Ceremoniosa. *Reeta, Reita, Rheeta, Rida, Riet, Rieta, Ritta.*

ROBIN (Inglés) N.U. Pájaro pequeño. *Robina, Robinta, Robino, Robee, Robbey, Robbi, Robbie, Robbin, Robby, Robena, Robene, Robenia, Robi, Robina, Robine, Robinet, Robinett, Robinette, Robinia, Robyn, Robyna, Robynette, Robynn, Robynne.*

ROBERTA (Germánico) La que resplandece por su fama. *Baubie, Berdie, Berta, Bertie, Berty, Bobbe, Bobbee, Bobbette, Bobbie, Bobby, Bobbye, Bobette, Bobi, Bobie, Bobina, Bobine, Bobinette, Reberta, Roba, Robbee, Robbey, Robbi, Robbie, Robby, Robeena, Robella, Robelle, Roben, Robena,*

Robenia, Roberda, Robernetta, Robertena, Robertene, Robertha, Robertina, Robertine, Roberto, Robetta, Robette, Robettina, Robi, Robin, Robina, Robinett, Robinette, Robinia, Robinta, Robyn, Robyna, Robynna, Ruberta, Rupa, Ruperta, Rupetta.

ROCHELLE (Latín) Pequeña piedra; Descanso. *Roch, Rochele, Rochell, Rochella, Rochette, Roschella, Roschelle, Roshelle, Roshely, Shell, Shelley, Shelly.*

ROCIO (Latín) La que esparce gracia; Gotita de rocío; Advocación de la Virgen del Rocío.

ROGELIA (Germano) Luchadora famosa; La de la lanza gloriosa.

ROLANDA (Alemán) Famosa alrededor del mundo. *Rolonda.*

ROMILDA (Germano) Guerrera famosa; Heroína gloriosa.

ROMINA (Hebreo) Natural de la tierra de cristianos.

ROMY (Francés) Rosamaría. *Romie, Romi.*

RONI/RONNI (Hebreo) Alegría. *Rony, Ronit, Roney, Rani, Ronae, Ronalda, Ronay, Ronee, Ronelle, Ronette, Ronica, Ronika, Ronisha, Ronna, Ronnee, Ronnelle, Ronnella, Ronnette, Ronney, Ronnie, Ronny.*

ROSA/ROSE (Latín) Bella como una rosa; Como la flor. *Rasia, Rasine, Rasja, Rasya, Rhoda, Rhodea, Rhodia, Rhody, Rosaleen, Rosalia, Rosalie, Rosalin, Rosalina, Rosalind, Rosaline, Rosalinn, Rosalynn, Rosanie, Roselia, Roselina, Roseline, Rosella, Roselle, Rosena, Rosenah, Rosene, Rosetta, Rosette, Rosey, Rosheen, Rosi, Rosie, Rosina, Rosine, Rosio, Rosita, Roslyn, Rosy, Roza, Rozalie, Rozaline, Rozalyne, Roze, Rozele, Rozella, Rozene, Rozina, Rozsa, Rozsi, Rozsika, Rozy, Ruza, Ruzena, Ruzenka, Ruzha, Ruzsa.*

ROSALBA (Latín) Rosa blanca; La rosa del alba. *Roselba, Rosalva.*

ROSALIA (Latín) Llena de flores; Rosa pequeña; Pálida rosa. *Rosalea, Rosalee, Rosaleen, Rosaley, Rosalie, Rosalina, Rosaline, Rosalyne, Roselia, Rosella, Roselle, Rosely, Rosie, Rozalia, Rozalie, Rozele, Rozelie, Rozella, Rozelle, Rozellia, Rozely, Rosalee, Rosaleen, Rosaley, Rosalina, Rosaline, Rosalyne, Roselia, Rosella, Roselle, Rozalia, Rozalie, Rozele, Rozelie, Rozely, Rozella, Rozelle, Rozellia.*

ROSALINA (Latín) Formación de Rosa con Lina. *Rosalin, Rosalynn, Roselynn, Roslyn, Rozlynn, Rosalyn.*

ROSALINDA (Germánico) Suave y hermosa como una rosa; Unión de Rosa y Linda. *Rozland, Rosalind, Rose, Ros, Rosaleen, Rosalen, Rosalin, Rosalina, Rosalinde, Rosaline, Rosalinn, Rosalyn, Rosalynd, Rosalynda, Rosalynn, Rosanie, Roselin, Roselina, Roselind, Roselinda, Roselinde, Roseline, Roselinn, Roselyn, Roselynda, Roselynde, Rosina, Roslyn, Roslynn, Roslynne, Roz, Rozali, Rozalia, Rozalin, Rozalind, Rozalinda, Rozalynn, Rozalynne, Rozelin, Rozelind, Rozelinda, Rozelyn, Rozelynda.*

ROSANA/ROSEANNE (Latín) Comb. de Rosa: la que es bella como una rosa, y Ana: la llena de gracia. *Rozana, Rossanah, Ranna, Roanna, Roanne, Rosanagh, Rosanna, Rosannah, Rosanne, Roseann, Roseanna, Rosehannah, Rossana, Rossanna, Rozanna, Rozanne, Rozeanna.*

ROSARIO (Latín) Rosas de la Virgen; Guirnalda de rosas. *Rosaria, Rosarah.*

ROSAURA (Latín) Rosa dorada; Rosa de oro.

ROSEMARY (Latín) El rocío del mar. Comb. de Rose y Mary. *Romy, Rosemaree, Rosemarey, Rosemaria, Rosemarie, Rozmary.*

ROSENDA (Germánico) La excelente señora. *Rosendah.*

ROSETTA (Latín) Arbusto de rosas.

ROSILDA (Germánico) La guerrera a caballo.

ROSINA (Latín) La que es bella como una rosa.

ROSINDA (Germánico) Famosa guerrera.

ROSMIRA (Germánico) Célebre guerrera a caballo.

ROSSALINA (Escocés) Cabo. *Rossalyn, Rosylin.*

ROXANA/ROXANNE (Persa) El Alba; Aurora; La brillante; Despuntar del alba. *Oksana, Oksanna, Rocsana, Roksanne, Roxan, Roxanah, Roxandra, Roxane, Roxann, Roxanna, Roxeena, Roxene, Roxey, Roxi, Roxiane, Roxianne, Roxie, Roxine, Roxy, Roxyanna, Ruksana, Ruksane, Ruksanna.*

RUBI (Latín) Rojo; Piedra preciosa. *Rubby, Rubee, Rubena, Rubetta, Rubey, Rubia, Rubianne, Rubie, Rubina, Rubinia, Ruby, Rubyna.*

RUFINA (Griego) Pelirroja. *Ruphina, Ruffina, Rufinna.*

RUTILDA (Germánico) Fuerte por su fama.

RYAN (Irlandés y Gaélico) N.U. Reina. *Rian, Riana, Riane, Riann, Rianna, Rianne, Riayn, Ryana, Ryane, Ryann, Ryanna, Ryanne, Rye, Ryen, Ryenne, Ryette, Rynn.*

SABINA (Latín) En historia Sabina fue una antigua tribu en Italia. *Bina, Byna, Sabin, Sabine, Sabinka, Sabinna, Sabiny, Saby, Sabyna, Sahbina, Savina, Savine, Sebina, Sebinah.*

SABRINA (Anglosajón) Princesa; La que habita en Savern, uno de los principales ríos de Gran Bretaña. *Breena, Brin, Brina, Brinda, Bryna, Sabreen, Sabreena, Sabrena, Sabrene, Sabrinah, Sabrinas, Sabrinia, Sabrinna, Sabryna, Sebreena, Sebrina, Zabrina.*

SADIE Princesa. Dim. de Sarah. *Sada, Sadah, Sadelle, Saida, Saidee, Saidey, Saidie, Saydie, Sydell, Sydella, Sydelle.*

SAGRARIO (Latín) Receptáculo sagrado.

SAHARA (Hebreo) Bien nacida; Luna; Desierto de África. *Sahari, Saharah, Sahar.*

SALIMA (Árabe) Sana; Segura. *Salma, Salim.*

SALLY (Inglés) Princesa. *Sal, Salcia, Saletta, Sallee, Salletta, Sallette, Salley, Salli, Sallianne, Sallie, Sallyann.*

SALMA (Español) Ambiciosa; Determinante.

SALOMÉ (Hebreo) Princesa pacífica; Armoniosa; Sana; En la Biblia fue la hermana del rey Herodes. *Sahlma, Salima, Salma, Salmah, Saloma, Salomea, Salomey, Salomi, Selima, Selma, Selmah, Solome, Solomea.*

SALVIA (Latín) Sanada; Saludable; Integro. *Salvina.*

SALVIANA (Hebreo) Que tiene paz. *Salvina.*

SAMANTA/SAMANTHA (Arameo) La que sabe escuchar. *Sam, Samanthia, Samentha, Samey, Sami, Sammantha, Sammee, Sammey, Sammie, Samy, Semanntha, Semantha, Simantha, Symantha.*

SAMARA (Hebreo) Montaña; Vigilante; Cauta. *Samira, Samarah, Samar, Samaira, Zamara, Zamarah.*

SAMUELA (Hebreo) A quien Dios siempre escucha. *Samuelle, Sami, Samala.*

SANDRA (Griego) Ayudante y defensora de la humanidad. *Sahndra, Sanda, Sandira, Sandreea, Sandrella, Sandrelle, Sandretta, Sandrette, Sandria, Sandrina, Sandrine, Sanndra, Sanndria, Sauhndra, Saundra, Sohndra, Sondra, Sonndra, Wysandria, Zandra.*

SANDY (Griego) Forma de Alexandra. Ahora es usado como un nombre independiente. *Sandee, Sandi, Sandie, Sanndi.*

SANYA (Sánscrito) Que nació el día sábado.

SARAH (Hebreo) En la Biblia fue la esposa de Abraham y madre de Isaac; Princesa. *Sara, Sahara, Sahra, Saraha, Sarahi, Sarana, Sadee, Sadella, Sadelle, Sadellia, Sadie, Sadye, Saidee, Saira, Sairah, Sal, Sallee, Salley, Sallie, Sally, Sara, Sarabeth, Sarahlee, Sarahlynn, Sarai, Saraia, Sarajane, Sarajean, Saralee, Saralyn, Saralynn, Saramae, Sareen, Sarely, Sarena, Sarette, Sari, Sarika, Sarina, Sarine, Sarita, Sarka, Sarolta, Sarotta, Sarotte, Saroya, Sarra, Sarrah, Sasa, Sera, Serach, Serah, Serita, Shara, Shari, Soraya, Sorcha, Sydel, Sydelle, Zahra, Zara, Zarah, Zaria, Zarita.*

SARINA (Latín) Variante de Sara. *Sareen, Sareena, Sarena, Sarene, Sarinna, Sarita.*

SASHA (Escandinavo) N.U. Renacer; Defensora de la humanidad. *Sacha, Sasa, Sascha, Saschenka, Sashah, Sashay, Sasheen, Sashi, ZsaZsa.*

SAURA (Hindú) Adorado sol; En astrología es aquella nacida bajo el signo de Leo.

SAVANA/SAVANNAH (Español) Llano sin árboles. *Savanah, Savanha, Savanna, Savannha, Savhanna, Savonna, Savonne, Sevanna, Vanna.*

SCARLETT (Japonés) Rojo. *Escarlata, Escarlet, Scarlette.*

SEBASTIANA (Griego) Venerable; Que tiene majestad. *Sebastia.*

SEEWA (Yaqui) Flor.

SEFORA (Hebreo) Ave pacífica; Como un pájaro pequeño. *Sephora, Zefora, Zephora.*

SEKI (Japonés) La maravillosa. *Seka.*

SELENA (Griego) Luna; Diosa griega de la luna. *Celene, Celie, Celina, Celinda, Celine, Cellina, Celyna, Saleena, Salena, Salina, Sela, Selana, Selen, Selene, Sena, Seleneh, Selenia, Selenna, Selenna, Selia, Selie, Selina, Selinda, Seline.*

SELIMA (Hebreo) Tranquila y pacífica. *Selemah, Selema.*

SELMA (Árabe) Paz; Protectora divina. *Anselma, Salma, Sellma, Selmah, Zelma, Zelmah.*

SENALDA (Español) Señal. *Senda, Sendra, Sena.*

SEQUOIA (Cherokee) Gorrión; Nombre de un árbol gigante nombrado por un indio Cherokee en el siglo XIV. *Sacoya, Secoya, Saquoia, Saquoya, Sequoya, Sequoyia.*

SERAFINA (Hebreo) Angel quemador; Llama ardiente. *Sarafina, Serafine, Seraphe, Seraphina, Seraphine, Serapia, Serofina, Serophine.*

SERENA (Latín) Tranquila; La que es clara y pura. *Cerena, Reena, Sarina, Saryna, Sereena, Serenah, Serene, Serenela, Serenidad, Serenity, Serenna, Serina, Serinah, Serinna, Seryna.*

SHAKIRA (Árabe) La más hermosa; La talentosa. *Shikira, Shaquira, Shakirra, Shakirah, Shakir, Shacora, Shaakira.*

SHALIMAR (N. U.) Nombre de un perfume de Guerlain que fue denominado para los Jardines de Shalimar cerca de lo que es ahora Lahore, Pakistán. Los jardines atraviesan 80 acres y fueron construidos por Sha Jahan, quien también construyó el Taj Mahal. *Shalamar, Shalemar, Shallimar.*

SHALOM (Hebreo) Paz; Forma de saludo para los que hablan hebreo. *Shalome, Shalva, Shalvah, Shelom, Shilom, Sholome.*

SHAMARA (Árabe) Decidida a batallar. *Sahamari, Shamarah, Shamar.*

SHAMIRA (Hebreo) Piedra preciosa. *Shamiran, Shamir.*

SHANELLE (Americano) Bella. *Shanel, Shanell, Shanella, Shanelly, Shaney, Shanilly, Shanisse, Shanita, Shannel, Shannell, Shenell, Shenelle, Shinella, Shonelle, Shynelle.*

SHANNON (Irlandés) Sabia y pequeña. *Channa, Shana, Shanan, Shandy, Shane, Shani, Shann, Shanna, Shannae, Shannan, Shannen, Shannin, Shanon.*

SHANTELL (Americano) Canción. *Shanta, Shantahl, Shantal, Shantalle, Shantay, Shante, Shantel, Shantellee, Shantella, Shentel, Shontal, Shontalle, Shontel, Shontelle.*

SHARLENE (Inglés viejo) Libre. *Charlene, Charla, Sharla, Sharlaine, Sharlamaine, Sharlan, Sharlana, Sharlane, Sharlee, Sharleen, Sharletta, Sharleyne, Sharlina, Sharline, Sharlisa, Sharly, Sharlyn, Sharlyne, Sharlynne.*

SHARON (Hebreo) Nombre de la llanura de Israel famosa por su fertilidad en los tiempos bíblicos. *Charin, Cheron, Shaaron, Shara, Sharan, Shareen, Shareena, Sharen, Sharena, Sharene, Shari, Sharie, Sharla, Sharolyn, Sharona, Sharonda, Sharone, Sharonna, Sharren, Sharrin, Sharron, Sharronne, Sharyn, Sheran, Sheren, Sheron, Sherri, Sherron, Sherry, Sheryn, Sherynn.*

SHAUNA (Hebreo) Dios es grandioso. *Shawnda, Shaunta, Shaunda.*

SHEBA (Hebreo) De Bathsheba: la séptima hija. *Saba, Sabah, Scheba, Shebah, Sheeba, Shieba.*

SHEENA (Hebreo) Dios es gracia. *Sheenagh, Sheenah, Sheina, Shena, Shiona, Shionagh, Sina, Sine.*

SHEILA (Irlandés) Celestial. *Seia, Seila, Selia, Shaila, Shayla, Shaylagh, Shaylah, Shiaylah, Shaylla, Sheela, Sheelagh, Sheelah, Sheilagh, Sheilah, Sheileen, Sheilia, Sheilya, Shela, Shelagh, Shelia.*

Shella, Sheyla, Shiela, Shila, Shilah, Shilea, Shilla, Shyla.

SHEHEREZADE (Árabe, Farsi y Persa) Habitante de ciudades. *Scheherezade, Shahrazad, Sharazad, Sharizad, Sherezade.*

SHERRY (Francés) La muy amada o querida. *Cheray, Sharee, Shari, Sharie, Sharrie, Sherae, Sheraie, Sheray, Sheraya, Sheree, Shereen, Sherey, Sheri, Sherice, Shericia, Sherie, Sherina, Sherina, Sherissa, Sherita, Sherree, Sherrey, Sherri, Sherrie, Sherryn, Sherye, Sheryl, Sh'rae.*

SHERYL (Inglés) Pequeña. *Cheryl, Cheralin, Cheralyn, Cheralynne, Cherilynn, Cherilynn, Sharell, Sharelle, Sharrell, Sheralyn, Sheralin, Sherell, Sherelle, Sherileen, Sherill, Sherilyn, Sherilynne, Sherlene, Sherrell, Sherrelle, Sherril.*

SHILOH (Hebreo) N.U. El regalo de Dios; En geografía es un sitio cercano a Jerusalem. *Shylo, Shy, Shiloe, Shilo, Shiley, Shile, Shi.*

SHIRLEY (Japonés) Brillante aclaramiento; Que vive en un prado blanco. *Sherlee, Sherli, Sherlie, Sherrlie, Sheryl, Shirell, Shirelle, Shirely, Shirl, Shirlea, Shirlee, Shirleen, Shirleigh, Shirlene, Shirlinda, Shirline, Shirlley, Shirly, Shirlyn, Shurlee.*

SHIVA (Hindú) Vida y muerte; Es el nombre más común del Dios hindú de la destrucción y la reproducción. *Siva, Shivan, Shiv, Shivani, Shivana.*

SIBILA/SYBIL (Griego) Aquella que da a conocer la voluntad de Dios; Que posee el don de la profecía. *Cybele, Cybil, Cybill, Cybilla, Sabilla, Sabylla, Sib, Sibbell, Sibel, Sibell, Sibella, Sibelle, Sibilla, Sibyll, Sibylla, Sybel, Sybella, Sybelle, Sybill, Sybilla, Sybille.*

SIERRA (Irlandés) Negra. *Sierrah, Siera, Siara, Seirra.*

SIGFREDA (Alemán) Victoriosa. *Sigfrida.*

SIGMUNDA (Alemán) Victoriosa; protectora. *Sigmonda, Sigimunda.*

SIGRID (Germánico) La que da consejos para obtener la victoria. *Sigrit.*

SILVANA (Latín) Natural de la selva; Protectora de los bosques. *Silva, Silvanna, Silvina.*

SILVIA (Latín) Amante de los bosques; Selva. *Siliva, Silva, Silvana, Silvanna, Silvestra, Silvi, Silvie, Silvija, Silvina, Silvy, Silvya, Sirvana, Sirvanna, Sylvia, Sylvie.*

SIMONA (Hebreo) Que escucha. *Shimona, Shimonah, Simeona, Simmina, Simmona, Simone, Simonetta, Simonette, Simonia, Simonina, Simonna, Simonne, Symona, Symone.*

SINCLAIRE (Francés) La que reza; En religión es un nombre en honor a Santa Clara. *Sinclair.*

SIOMARA (Árabe) La estrella más hermosa del universo. *Xiomara.*

SIÓN (Hebreo) N.U. La alta montaña. *Zion, Zyon, Syon.*

SIRA (Latín) La que proviene de Siria; Brillante como el sol de Siria. *Cira.*

SISSY (Latín) Dim. de Cecilia "la ciega". Nombre común para denominar a una hermana. *Cissee, Cissey, Cissi, Cissie, Cissy, Sissee, Sissey, Sissie.*

SIXTA (Griego) Cortés; Educada; Amable; La sexta hija en nacer.

SKYE (Árabe) Aquella que dona agua. *Skie, Sky, Skyla.*

SKYLER (Holandés) Fugitiva. *Schyler, Schuyler, Skyla, Skylar, Skyllar.*

SLOANA (Irlandés) Guerrera. *Sloanne, Sloan.*

SOFIA (Griego) Sabia; Sabiduría. *Sofya, Soficita, Sofi.*

SOLANA (Latín) Como el viento del Este; Brillo de sol. *Solinda, Solina, Soley, Solanna.*

SONIA (Griego) Sabia pensadora. *Sohnia, Sohnnja, Sondja, Sondya, Sonja, Sonje, Sonni, Sonnia, Sonnie, Sonnja, Sonya.*

SOPHIE (Griego) Sabiduría. *Saffi, Sofia, Sofie, Soficita, Sofka, Sofy, Sofya, Sonia, Sonja, Sonnie, Sonya, Sophia, Sophey, Sophy, Zofia, Zofi, Zofya, Zosia.*

SORAYA (Árabe) Expresiva; La que es elocuente; Princesa. *Suraya, Soraia.*

STACEY (Griego) Resurreción. *Stace, Stacee, Staci, Stacia, Stacie, Stacy, Stasa, Stasee, Stasey, Stasha, Stasia, Stasie, Staska, Stasy, Staycee, Staycey, Staysie, Staysy, Tacy, Taisie.*

STARLING (Inglés) Pájaro.

STEFANIA (Griego) Corona; La coronada por la victoria. *Stefani, Stefanie, Stephany, Estefania, Estefani.*

STELLA (Latín) Estrella. *Estella, Estelle, Estrella, Stela, Stelle.*

STELLA MARIS (Latín) Estrella del mar.

STEPHANIE (Griego) Diadema; Corona; Reina. *Fania, Fanya, Phanie, Phanya, Stefa, Stefana, Stefani, Stefania, Stefanie, Stefenney, Stefcia, Steffa, Steffaney, Steffanie, Steffenie, Steffi, Steffie, Stefinney, Stefka, Stefya, Stepa, Stepania, Stepanida, Stepanyda, Stepahnie, Stepfanie, Stepha, Stephaine, Stephana, Stephane, Stephani, Stephania, Stephanina, Stephanine, Stephannie, Stephany, Stephene, Stepheney, Stephine, Stephney, Stephoney, Stesha, Steshka, Stevana, Stevena, Stevie, Stevey, Stevonna, Stevonne.*

STERLING (Inglés) Moneda de plata valorada.

STORM (Inglés) N.U. Tempestad; Tormenta.

SULEMA (Árabe) Sana y vigorosa. *Sullema, Sulemma, Zulema.*

SULTANA (Árabe) Ama absoluta.

SUSANA/SUSAN (Hebreo) Mujer pura; Bella como la azucena; Flor brillante. *Suzzane, Susanah, Susane, Sanna, Shoshana, Shoshanah, Shoshanna, Shushana, ShuShu, Sioux, Siouxsie, Siusan, Soosan, Soosanna, Sosanna, Suanny, Sue, Sueann, Sueanna, Sueanne, Suesann, Suesonne, Suezanne, Sukee, Sukey, Sukie, Sonel, Sunel, Susanetta, Susanka, Susann, Susanna, Susannagh, Susannah, Susanne, Suse, Susee, Susette, Susi, Susie, Susy, Suzan, Suzana, Suzane, Suzanna, Suzannah, Suzanne, Suze, Suzee, Suzetta, Suzette, Suzi, Suzie, Suzon, Suzy, Suzzanne, Zanna, Zanne, Zannie.*

SYBIL (Griego) Profeta; En mitología, los sybils eran oráculos quienes relataban los mensajes de los dioses. *Cybele, Cybil, Cybill, Sib, Sibbie, Sibbill, Sibel, Sibell, Sibilla, Sibyl, Sibylla, Sybel, Sybella, Sybelle, Sybill, Sybilla, Sybille.*

SYDNEY (Francés) Que es originaria de Denis, Francia. *Cidney, Cydnie, Sidnee, Sidney, Sidnie, Sy, Syd, Sydel, Sydelle, Sydnee, Sydnie.*

SYLVANA (Latín) Bosque. *Sylva, Silvanna, Silvana, Sylvia.*

TABATHA (Griego) Frágil; Gacela. *Tabathia, Tabbatha, Tabbee, Tabbey, Tabbi, Tabbie, Tabbitha, Tabby, Tabetha, Tabhita, Tabita, Tabotha, Tabytha.*

TABITA (Hebreo) Frágil como una gacela. *Tabitha.*

TACIANA (Latín) Activa; Inteligente.

TACITA (Latín) Aquella que es silenciosa. *Taciana, Tacia, Tacey, Taci.*

TACY (Latín) Silencio. *Tace, Tacey, Tacia, Tacie, Tacitha, Tacye.*

TALÍA (Griego) La que es fecunda y floreciente. *Tallya, Tallia, Taliyah, Thalia, Taliatha, Taliah, Taleh, Tahlia.*

TAMARA (Hebreo) Palmera; Que da protección. *Tama, Tamar, Tamarah, Tamarin, Tamarra, Tamarsha, Tamary, Tamera, Tamira, Tamma, Tammara, Tammi, Tammy, Tamora, Tamra, Tamrah, Tamryn, Tamura, Tamyra, Thama, Thamar, Thamara, Thamarra, Thamera.*

TAMMY (Inglés viejo) Forma corta de Thomasina y Tamara. *Tam, Tami, Tamie, Tamilyn, Tamlyn, Tammee, Tammey, Tammi, Tammie, Tammiejo.*

TANIA (Ruso) La bella princesa; Que procede de Tacio, legendario rey de los sabinos. *Tarnia, Tannis, Tannia, Tanis, Tanika, Taniah.*

TANIELA (Americano) Comb. de Tania y Daniela. *Teniele, Teniel, Tanielle.*

TANYA (Ruso) La reina de las hadas. *Thanya, Tanyia, Tany, Tanoya, Tanka, Tanis, Tanaya, Tannya, Tahna, Tahnee, Tahni, Tahnia, Tahnya, Taina, Tana, Tanamaree, Tanazia, Tanee, Taneea, Tania, Tanita, Tanja, Tarnya, Tawnya, Tonnya, Tonya, Tonyah.*

TARA (Celta) Torre; Colina de rocas. *Taira, Tairra, Tarah, Tarai, Taralyn, Taralynn, Tarra, Tarrah.*

TARSICIA (Latín) Aquella que nació en Tarso, ciudad de Turquía donde nació San Pablo.

TARSILIA (Griego) La que trenza mimbres. *Tarcilia, Tarcy.*

TASHA (Griego) Aquella que nació el día de Navidad. *Latasha, Tahsha, Tasenka, Tashey, Tashi, Tashia, Tashina, Tasia, Taska, Tassa, Tassie, Tasya, Tosha, Toshiana.*

TATIANA (Latín) Defensora; Reina de las hadas; Inteligente. *Tania, Tanya, Tatanya, Tati, Tatia, Tatianna, Tatie, Tatihana, Tatijana, Tatiyana, Tatjana, Tatyana, Tatyanna, Tonya.*

TAYLOR (Inglés) N.U. Sastre. *Teylor, Taylr, Taylour, Tayllor, Tayler, Tailor.*

TEA (Griego) Regalo de Dios o antorcha. *Teah, Thea.*

TELMA (Latín) Fugaz; Inconstante como el mar. *Thelma.*

TEMIRA (Hebreo) Alta. *Timora, Temora.*

TEODELINA (Germánico) La que es amable con la gente de su pueblo; Ama a su pueblo.

TEODOLINDA (Germánico) Escudo del pueblo.

TEODORA (Griego) Don de Dios; Presente de los dioses. *Teadora, Theodora.*

TEODOSIA (Griego) Regalo de Dios. *Theodosia.*

TEOFANÍA (Griego) Manifestación de Dios. *Theofanía, Theophanie.*

TEÓFILA (Griego) Amiga de Dios; Amada por Dios. *Teo, Theophila.*

TERESA (Griego) La cazadora; Que lleva espigas de trigo; De la isla de Tera. *Techa, Terasa, Terasina, Terasita, Terecena, Terese, Teresea, Teresha, Teresia, Teresina, Teresita, Tereska, Teressa, Teresse, Terez, Tereza, Terezca, Terezia, Terezilya, Terezita, Terosina, Terri, Terrie, Terrosina, Terry, Tersa, Tersia, Terushka, Teruska, Tesa, Tesia, Teskia, Tess, Tessa, Tessie, Tessy, Tresa, Tressa.*

TERRY (Unisex) N.U. Dim. de Teresa. *Terall, Terea, Teree, Tereigh, Terell, Terella, Terelynn, Terelynn, Teri, Teriana, Teriann, Terie, Terika, Terilynn, Terree, Terreigh, Terrey, Terri, Terrie, Terrin, Terrye, Terryn, Teryn.*

TERYL (Nombre moderno) Comb. de Terry y Cheryl. *Teralyn, Terelyn, Terrall, Terrell, Terrena, Terrene, Terrill, Terryl.*

TESIA (Polaco) Amada por Dios.

TESIRA (Griego) La fundadora.

TESSA (Italiano) Condesa. *Tessie, Tezia, Tesia, Tesha, Tesah, Tesa.*

THALIA (Griego) Floreciente; En la obra cumbre de Dante Alighieri, "La Divina Comedia" fue una de las nueve musas. *Talia, Talie, Talley, Tally, Thaleia, Thalie, Thalya.*

THELMA (Griego) Deseo; Voluntad; La que es amable. *Telma, Thelmalina.*

THEODORA (Griego) Regalo del Señor. *Dora, Fedora, Feodora, Fyodora, Teddey, Teddi, Teddie, Tedra, Teodora, Teodory, Theadora, Theda, Thedorsa, Theo, Theodoria, Theodosia, Theofila, Theone, Theophania, Todora.*

THEODOSIA (Griego) El regalo de Dios. *Docia, Dosia, Feodosia, Theda, Teodosia, Tossa, Tossia.*

THIRZA (Hebreo) La complaciente. *Tirza, Thyrza, Thirzah, Thirsa.*

THISHA (Latín) Alegría; Gozo. *Tyshia, Tishia, Tishal, Tish, Tieshia.*

TIA (Griego) Princesa. *Tiia, Tii, Thia, Tiana, Tiara.*

TIANA (Griego) Princesa. *Tianah, Tiahna, Tianara, Tiandra, Tiane, Tiani, Tianna, Tianne, Tiauna, Tiona, Tionna, Tyana, Tyanna.*

TIARA (Griego) Coronada por laureles. *Tyara, Tiari, Teara, Tiairra, Tiarah, Tiare, Tiarra.*

TIBERIA (Latín) En geografía es el río Tiber en Italia. *Tibbie, Tib, Tibby, Tyberia.*

TIFFANY (Latín) Trinidad. *Theophanie, Tifaney, Tifany, Tifara, Tifennie, Tiffaney, Tiffani, Tiffanie, Tiffenie, Tiffeny, Tiffie, Tiffney, Tiffy, Tiphanie, Tiphara, Tiphenie, Tipheny, Tyffany, Tyffenie.*

TILDA (Alemán viejo) Forma corta de Matilde "excelente en la batalla".

Thilda, Thilde, Tildie, Tildy, Tilley, Tillie, Tilly.

TIMOTEA (Griego) La que honra y alaba a Dios. *Thimitea, Timothea, Timi, Thea, Timaula, Timmey, Timmi, Timmie, Timotheya.*

TINA (Griego) Nombre reducido de Cristina y Ernestina. *Teena, Teenie, Teina, Tena, Tinai, Titi, Tinamarie, Tine, Tinia, Tinna, Tiny, Tyna.*

TIRSA (Hebreo) Agradable; Ciprés; Delicia. *Tirza.*

TIRZAH (Hebreo) Deleite; Agra-dable; Arbol de Ciprés; En la Biblia Tirzah es el nombre de una ciudad de reyes israelies y también fue el nombre de la primera mujer que heredó la propiedad de su padre Zelophehad. *Thersa, Thirsa, Thirshka, Thirza, Thirzah, Thursa, Thurza, Tiersa, Tierza, Tirza, Tirzha, Tyrzah.*

TITANIA (Griego) En mitología los titanes eran una raza de gigantes. *Tytania, Titiana, Titanya, Titanna, Tania.*

TOMASA (Hebreo) La hermana gemela.

TONI (Inglés) N.U. Forma corta de Antonia y Antoinette, con variantes contemporáneas. *Toinette, Toinon, Tola, Tona, Tonee, Tonell, Tonette, Toney, Tonia, Tonie, Toniesha, Tonina, Tonisha, Tony, Tonya, Twanette.*

TONYA (Eslavo) Justa reina. *Tonnya, Tonia.*

TORI (Japonés) Pájaro. *Torey, Toria, Toriana, Torie, Torree, Torrey, Torri, Torrie, Torry, Torrye, Tory.*

TRACY (Latín) Guerrera. *Trace, Tracee, Tracey, Traci, Tracie, Traice, Trasey, Treacy, Treasa, Treasey.*

TREVINA (Irlandés) Prudente. *Trevona, Trevin, Trevia, Treva.*

TRIANA (Latín) Pájaro. *Trianna, Triann, Tria.*

TRINIDAD (Latín) Tres personas en un solo Dios; Nombre místico; Evocación del misterio de la Santa Trinidad. *Trinity, Trinita, Trini, Trinidade, Trinitee, Trinitey.*

TRISHA (Latín) Mujer noble.

TRISTA (Inglés) Triste. Variante de Christa. *Tristan, Tristana, Tristen, Tristin, Tristina, Tristyn, Trysta, Trystan, Trystin.*

TRISTANA (Latín) Que lleva consigo la tristeza. *Trista, Tristiana, Tristián.*

TULIA (Latín) Alzar; Levantar al recién nacido para conocerlo; Pacífica. *Toolia, Toolya, Toulia, Toulya, Tula, Tulla, Tullia, Tulliah, Tulya.*

TYLER (Inglés) N.U. Campesina; Aquella que fabrica tejas. *Tieler, Tiler, Ty, Tyel, Tyla, Tyle, Tylee, Tylena, Tyller, Tylor.*

UBALDINA (Germano) Audaz; Atrevida; Inteligente.

UMA (Hebreo) Nación; Otro nombre otorgado a la diosa hindú Shakti.

UMI (Nativo Americano) N.U. Vida.

UNDINE (Latín) En mitología los undines o undinos eran los espíritus del agua. *Undene.*

UNIKA (Africano) Brillo.

UNN (Noruego) La amada.

URANIA (Griego) Cielo; Firmamento; En mitología era la musa de la astrología. *Uranya, Urainia.*

URBANA (Latín) De la ciudad; Muy cortés. *Urbanna, Urbanah.*

URIHA (Hebreo) Dios es mi luz.

URIKA (Nativo Americano) Servicial. *Ureka.*

URIT (Hebreo) Brillo. *Urice.*

URSINA (Latín) La pequeña osa.

URSULA (Latín) Graciosa como una pequeña osa. *Orsa, Orsala, Orsola, Orsolla, Seula, Sula, Ulla, Ursa, Ursala, Urselina, Ursella, Ursi, Ursie, Ursley, Ursola, Ursy Ursule, Ursulette, Ursulina, Ursuline, Urszula, Urszuli.*

USHA (Hindú) Amanecer; Aurora.

USHI (Chino) En astrología es un signo zodiacal.

USI (Africano) N.U. Humo.

UTA (Alemán) Adinerada; Gana en las batallas. *Utako, Ute, Utte, Yuta.*

UTINA (Nativo Americano) Mujer de mi país. *Utonna, Utona, Utahna.*

UXUE (Vasco) N.U. Paloma.

UZI (Hebreo) Mi fuerza.

UZMATI (Nativo Americano) Osa.

VALENTINA (Latín) Que posee fuerza y valor; En historia Valentina Tereshkova fue la primera mujer que viajó al espacio. *Teena, Teina, Tena, Tina, Val, Valantina, Vale, Valeda, Valen, Valena, Valencia, Valene, Valenteen, Valenteena, Valentena, Valentia, Valentijn, Valentine, Valenzia, Valera, Valida, Valina, Valja, Vallatina, Valli, Vallie, Vally, Valyn, Velora.*

VALERIE (Latín) Fuerte y valiente; Valiosa y sana. *Val, Valaree, Valarey, Valaria, Valarie, Vale, Valeree, Valeria, Valeriana, Valery, Valerye, Valka, Vallarie, Valleree, Vallerie, Vallery, Vallie, Vallorey, Vallorie, Vallory, Valorie, Vallrie, Valry, Valka.*

VANESSA (Inglés) Vanidosa; El escritor Jonathan Swift (famoso por Los viajes de Gulliver) lo inventó en honor a una amiga y lo popularizó en su poema "Cadenus and Vanessa". *Nessa, Nessie, Nessy, Van, Vanassa, Vanesa, Vaneshia, Vanesse, Vanessia, Vanetta, Vania, Vanija, Vanna, Vannessa, Vannetta, Vanni, Vannie, Vanya, Venesa, Venessa, Venetta, Vinessa, Vonessa, Vonesse, Vonnessa.*

VASHTI (Persa) Adorable; En la Biblia fue la esposa del rey de Persia. *Vashty, Vashtie.*

VELIKA (Eslavo) Grandiosa.

VENUS (Latín) Nombre que daban los romanos a la diosa del amor y la belleza. *Venusa, Venusette, Venusina, Venusita.*

VERA (Latín) La que vive y dice la verdad; Verdadera. *Vara, Veera, Veira, Veradis, Verasha, Verda, Vere, Verena, Verene, Verina, Verine, Verinka, Verka, Verla, Verochka, Veroshka, Veruschka, Verushka, Vira.*

VERBENA (Latín) La que es saludable; Plantas sagradas que incluyen olivo, laurel y mirra. *Verbina.*

VERÓNICA (Latín) Imagen de la verdad, Flor ornamental. *Berenice, Rana, Ranna, Roni, Ronica, Ronika, Ronna, Ronnee, Ronni, Ronnica, Ronnie, Ronny, Veera, Veira, Vera, Veranica, Veranique, Verenice, Verinique, Vernice, Vernicka, Vernika, Vero, Verohnica, Verohnicca, Verona, Veronice, Veronicka, Veronika, Veronike, Veroniqua, Véronique, Veronique, Veronka, Veronqua, Vironica, Vonnie.*

VICENTA (Latín) La victoriosa.

VICKY Forma corta de Victoria. *Vicci, Vickee, Vickey, Vicki, Vicqui, Vikkey, Vikki, Vikky, Viqul.*

VICTORIA (Latín) Victoriosa; Vencedora; Evocación de la Virgen María, festividad de Nuestra Señora de la Victoria. *Tori, Toria, Torie, Tory, Toya, Vic, Vicci, Vickee, Vickey, Vicki, Vickie, Vicky, Victoriana, Victorianna, Victorie, Victorina, Victorine, Victorria, Victory, Vika, Viki, Vikkey, Vikki, Vikky, Viktoria, Viktorija, Viktorina, Viktorine, Viktorka, Viqui, Vitoria, Vittoria.*

VILMA (Germano) Protectora. *Bilma, Wilma.*

VIOLETA (Latín) Mujer prudente o sencilla; En botánica es la planta con flores azul púrpura. *Eolande, Iolande,*

Iolanthe, Jolanda, Jolande, Jolanta, Jolantha, Jolanthe, Vi, Viola, Violaine, Violanta, Violante, Violanthe, Viole, Violeine, Violetta, Violette, Violet, Viollet, Violletta, Viollette, Vyolet, Vyoleta, Vyoletta, Vyolette, Yolanda, Yolande, Yolane, Yolantha, Yolanthe.

VIRGINIA (Latín) Pureza; Virgen; Doncella pura. *Geena, Geenia, Geenya, Genia, Genya, Gigi, Gina, Ginella, Ginelle, Ginger, Gingia, Ginia, Ginnee, Ginni, Ginnie, Ginny, Ginya, Jenell, Jenella, Jenelle, Jinia, Jinjer, Jinnie, Jinny, Verginia, Verginya, Virge, Virgena, Virgene, Virge, Virgenya, Virgie, Virgina, Virgine, Virginie, Virginnia, Virgy.*

VIRIDIANA (Latín) Aquella que es siempre sincera; Verde. *Virdis, Viridia, Viridian, Viridianna, Viridianne, Viridis.*

VIVIANA (Latín) Vivaz; Animada; Viviente (referido a la vida sobrenatural). *Bibi, Bibiana, Bibiane, Bibianna, Bibianne, Bibyana, Vevay, Vi, Vibiana, Viv, Vivee, Vivi, Vivia, Vivian, Viviane, Vivianna, Vivianne, Vivien, Vivienne, Vivyan, Vivyana, Vivyanne, Vyvyan, Vyvyana, Vyvyanne.*

WALDA (Germano) Maravillosa; Poderosa y famosa. *Welda, Wallda, Walida, Walidina, Waldena, Waldette, Waldina, Wellda.*

WANDA (Germano) La protectora de los vándalos; Deambulante.*Vanda, Wahnda, Wandah, Wandie, Wandis, Wandy, Wannda, Wenda, Wendaline, Wendall, Wendeline, Wendy, Wohnda, Wonda, Wonnda.*

WENDY (Germano) La amiga verdadera. *Guendolyn, Wenda, Wendaline, Wendee, Wendeline, Wendey, Wendi, Wendie, Wendolyn, Wendye, Windy, Wuendi.*

WHITNEY (Inglés) La isla blanca. *Whit, Whiteney, Whitnea, Whitnee, Whitneigh, Whitni, Whitnie, Whitny, Whittaney, Whittany, Whittney, Whittnie, Widney, Widny.*

WILDA (Alemán) La indomable. *Willda.*

WILFRIDA (Germano) Amiga de la paz. *Wilfreda.*

WILMA (Germano) La protectora. *Valma, Velma, Vilma, Willma, Wilmina, Wylma.*

WINNI (Indígena) Mi hija.

WINONA (Dakota) La hija mayor. *Wanona, Wenona, Wenonah, Winnie, Winnona, Winoena, Winonah, Winonna, Wynnona, Wynona, Wynonna.*

XANA (Asturiano) Hada buena.

XANTHE (Griego) Rubia. *Xanthia, Xantha, Xanne.*

XAVIERA (Árabe) Brillante; Dueña de la casa nueva. *Exaviera, Exavyera, Javiera, Xavia, Xavienna, Xavyera, Zaveeyera, Zaviera.*

XELA (Quiché) Hogar ubicado en la montaña.

XICA (Zapoteca) Francisca.

XILEME (Tolteca) Diosa del maíz.

XIMENA (Hebreo) La que escucha. *Jimena, Gimena.*

XIOMARA (Canario) Nombre aborigen de las Islas Canarias; De origen noble; Famosa en el combate. *Xomaris.*

XOCHIQUETZALLI (Nahuatl) Hermosa flor.

XOCHITL (Nahuatl) Flor bella; La reina de las flores.

XOCHTIEL (Azteca) Flor. *Xochiel.*

XOXU (Tolteca) N.U. La que ve de noche.

XUXA (Latín) Gobernante.

YADIRA (Hebreo) Amiga. *Yadirha, Yadirah.*

YALENA (Germano) Que produce. *Yelena, Lenuschka, Lenushka, Lenya, Lenyushka.*

YAMARI (Americano) Comb. de Ya y Mary. *Yamayra, Yamaris, Yamairy.*

YAMCA (Nativo Americano) Flor.

YANA (Nativo Americano) N.U. Oso.

YANELI (Americano) Comb. de Ya y Nellie. *Yanelli, Yanely, Yanelis, Yanela.*

YANET (Griego) La llena de gracia de Dios. *Jeannette.*

YANINA (Hebreo) La llena de gracia de Dios; Dada por el señor. *Yanni, Yannina, Yianina.*

YARA (Árabe) Primavera; La señora de su casa.

YARDEN (Hebreo) Jordán o Jordania.

YASHIRA (Afgano) Calmada; Paciente.

YASMIN (Persa) Flor fragante; Flor del mismo nombre; Hermosa. *Yasamin, Yasiman, Yasma, Yasmain, Yasmeen, Yasmeena, Yasmena, Yasmene, Yasmina, Yasmina, Yasminda, Yasmine, Yasmon, Yazmin.*

YEMINA (Latín) Melliza.

YEN (Chino) Deseo. *Yenny, Yenih, Yeni.*

YERUTÍ (Guaraní) Tórtola.

YESENIA (Árabe) Flor. *Yasenia, Yazenia, Yecenia, Yesemia, Yesisia, Yessenia, Yessenya.*

YESHAYA (Hebreo) Regalo.

YÉSICA (Hebreo) En gracia de Dios; Rica. *Yessica, Jessica.*

YEVA (Ucraniano) Eva. *Eve.*

YEXALÉN (Indígena) Estrella.

YILA (Zapoteca) Algodón.

YIN (Chino) Plata.

YOCASTA (Griego) Violeta. *Jocasta, Iocasta.*

YOCO (Japonés) Navegar por el mar.

YOCONDA (Italiano) Alegre y jovial. *Gioconda.*

YOI (Japonés) Aquella que nació en la tarde.

YOKI (Nativo Americano) Pájaro azul. *Yokie.*

YOLANDA (Latín) La que da regocijo; Hermosa como una flor; La mas bella y justa. *Eolande, Eolantha, Iola, Iolanda, Iolande, Iolantha, Iolanthe, Jolan, Jolanna, Jolanne, Jolanta, Jolantha, Jolanthe, Yalanda, Yalinda, Yalonda, Yola, Yolaiza, Yolana, Yoland, Yolande, Yolanna, Yolantha, Yolanthe, Yolette, Yolie, Yollande, Yolonda, Yulanda.*

YONINA (Hebreo) Paloma. *Jona, Jonati, Jonina, Yona, Yonah, Yonina, Yoninah, Yonit, Yonita.*

YOLUTA (Nativo Americano) Flor de verano.

YORI (Japonés) Digno de confianza. *Yoriyo, Yoriko.*

YOSHI (Japonés) N.U. La respetada; Hija adoptada.

YOVELA (Hebreo) Corazón lleno de felicidad. *Jovela.*

YSABEL (Francés) Variante de Elizabeth "la promesa de Dios". *Yabell, Yabella, Yabelle, Ysabell, Ysabella, Ysabelle, Ysbel, Ysbella, Ysobel.*

YTZEL (Maya) Estrella del amanecer.

YULIA (Ruso) Julia. *Yulenka, Yula.*

YUNAANS (Tolteca) Señora.

YURCEL (Turco) Sublime.

YURI (Ruso) Granjera. *Yoori, Yury.*

YURIDIA (Tarasco) Pájaro alegre.

YVETTE (Escandinavo) Arquera; Joven. *Ivett, Ivetta, Ivette, Yevette, Yvedt, Yvet, Yvetta.*

YVONNE (Germano) La arquera. *Eevonne, Evonne, Ivon, Ivonne, Yevette, Yvetta, Yvette, Yvonna.*

ZABA (Hebreo) La que ofrece un sacrificio a Dios.

ZADA (Árabe) La afortunada y próspera. *Zayda, Zaida.*

ZAFINA (Árabe) Victoria.

ZAFIRAH (Árabe) Exitosa.

ZAHAR (Hebreo) Atardecer.

ZAHARA (Suahili) Flor. *Zahra, Sahara.*

ZAHAVAH (Hebreo) Adornada. *Zachava, Zachavah, Zahava, Zechava, Zehavah, Zehavit, Sahavah, Sahava, Sahavaa.*

ZAHIRA (Árabe) La que ha florecido; Brillante. *Zaheera, Zahirah.*

ZAHRA (Árabe) Flor blanca. *Zahrah.*

ZAIDA (Árabe) Próspera; Afortunada. *Zada, Zadie, Zayeeda, Zayda.*

ZAKIA (Suahili) Inteligente. *Zakiah, Zakea.*

ZAKILA (Suahili) Que nació en familia noble.

ZALMAI (Afgano) Joven.

ZALPAH (Hebreo) Digna; En la Biblia fue la esposa de Jacob. *Zilpha.*

ZAMNA (Maya) Bella como una flor.

ZANDRA (Español) Dim. de Alexandra "la defensora de los hombres". *Zahndra, Zandie, Zandy, Zanndra, Zohndra, Zondra.*

ZANOBIA (Árabe) Orgullo de su padre. *Zenobia.*

ZARA (Árabe) Radiante; Florida; Que está llena de flores. *Zaira, Zarah, Zaria, Zariah, Zarina, Zarinda, Zarria, Zary, Zayeera, Zayra.*

ZEA (Latín) Semilla.

ZEIDA (Timbuctu) Comedora de chupirules.

ZELDA (Judío) Canosa. *Selda, Zelde, Zella, Zellda.*

ZELENE (Inglés) Brillo de sol. *Zelina, Zelena.*

ZELIA (Español) Brillo de sol. *Zalia, Zailie, Zaylia, Zele, Zelene, Zelie, Zelina, Zeline, Zelleana.*

ZELIG (Germano) Bendecido.

ZEMIRA (Árabe) Música; Canción. *Zemirah.*

ZENADIA (Griego) La que fue consagrada a Dios.

ZENAIDA (Griego) La que desciende de dioses; En mitología fue la hija de Zeus. *Zenayda.*

ZENDA (Persa) Femenina.

ZENOBIA (Griego) La que es jueza de Dios; Orgullo de su padre. *Cenobia, Cenobie, Zeba, Zeena, Zena, Zenaida, Zénaide, Zenayda, Zenda, Zenina, Zenobie, Zenna.*

ZEPHANIAH (Hebreo) Tesoro de Dios. *Zephan, Zeph, Zaphania, Zaph.*

ZEPHYR (Griego) N.U. Viento del Oeste. *Cefirina, Sefarina, Sefira, Sephira, Tzefira, Tzephira, Tzephyra, Tzifira, Zefeera, Zeferino, Zefir, Zefiryn, Zephery, Zephira, Zephirine, Zephiro, Zephra, Zephyra, Zephyrine.*

ZERA (Hebreo) Semillas. *Zeriah, Zerah.*

ZERLINA (Latín) Atardecer hermoso.

ZERRIN (Turco) Oro.

ZETA (Inglés) Rosa. *Zetta.*

ZHEN (Chino) Casta.

ZIGANA (Húngaro) Gitana.

ZILLA (Hebreo) La que da grata sombra. *Zila.*

ZIMRA (Hebreo) Regalo; Canción. *Zimriah, Zimria, Zimri, Zimrat, Zemora.*

ZINA (Hebreo) Abundancia.

ZINTLI (Méxicano) Agüitas.

ZION (Hebreo) N.U. En religión es el nombre usado para referirse a la tierra de Israel y al pueblo hebreo. *Tzion, Zyon, Sion.*

ZOBEIDA (Árabe) Princesa.

ZOE (Griego) Llena de vida. *Zoee, Zoelie, Zoeline, Zoelle, Zoey, Zoi, Zoie, Zoya.*

ZOHRA (Hebreo) Flor.

ZOHRE (Persa) Feliz. *Zahreh.*

ZOILA (Griego) Sufrida pero paciente; La llena de vida.

ZOLA (Italiano) Pedazo de tierra.

ZORA (Eslavo) Atardecer; Aurora. *Zorah, Zorana, Zoraya, Zoreen, Zorina, Zorine, Zorrah, Zorya.*

ZORAIDA (Árabe) La elocuente; Mujer cautivadora; Conductora de multitudes.

ZORBA (Griego) N.U. Que vive cada día.

ZORINA (Eslavo) Oro. *Zorna, Zori, Zorana.*

ZORYA (Eslavo) Atardecer; Estrella.

ZULEICA (Árabe) Mujer hermosa y rolliza; De belleza inigualable. *Zul, Zulaica, Zuleika.*

ZULEKIS (Árabe) La que es justa.

ZULEMA (Árabe) La que es sana y fuerte; Amante de la paz; Princesa de los Moros cuando invadieron España. *Zuleima, Zuleyma, Zulima, Zulma, Zuma.*

ZULLA (Africano) Brillante.

ZULMA (Árabe) La que es sana y fuerte.

ZURAFA (Árabe) Adorable. *Ziraf.*

ZURIA (Vasco) Blanca. *Zuri.*

ZUWENA (Suahili) Buena. *Zwena.*

ZUZANI (Hebreo) Lirio.

ZYTKA (Polaco) Rosa.

Nombres

Masculinos

AARON (Hebreo) Luz de la montaña; Excelso; Alto; Elevado. *Aaran, Aaren, Aareon, Aarin, Aaro, Aaronas, Aaronn, Aarron, Aaryn, Aeron, Aeryn, Aharon, Ahran, Ahren, Ahron, Airen, Airyn, Aran, Arand, Arek, Aren, Arend, Ari, Arin, Arnie, Aron, Aronne, Aronos, Arran, Arron, Arun, Auron, Ayren, Ayron, Erin.*

ABAD (Hebreo) El único. *Ab, Abaad, Abhaad.*

ABAL (Maya) Ciruela. *Abhal.*

ABBOT (Hebreo) Padre. *Ab, Abba, Abbah, Abban, Abbe, Abbott, Abad, Abe, Abbey, Abbie, Abby, Abot, Abott.*

ABED (Árabe) El que sirve a Nabu. *Abbed, Abbhed.*

ABEL (Hebreo) Hijo de Dios; Aliento; Respiración; Vanidad; Lo efímero. *Abe, Abele, Abell, Abelson, Abey, Abie, Able, Avel.*

ABELARDO (Francés, Germano) El gran trabajador; Noble, osado y temerario. *Ab, Abbey, Abby, Abe, Abel, Abelard, Abilardo.*

ABRAHAM (Hebreo) Patriarca; Padre de una gran multitud; Padre superior y exaltado. *Ab, Abarran, Abe, Aberham, Abey, Abie, Abrahaim, Abrahamo, Abrahan, Abrahem, Abrahim, Abram, Abrami, Abramo, Abrams, Abran, Avi, Avram, Avrom, Brahm, Bram, Ebrahim, Ibrahim.*

ABUNDIO (Latín) Abundante y vasto. *Abbondio, Abondio, Abu, Abundo.*

ACACIO (Griego) Sin malicia; Que no tiene maldad y es muy honrado. *Acasio, Acacios, Accacio.*

ADAIR (Celta) Lugar de los Robles. *Ad, Adaire, Adare.*

ADALBERTO (Germano) De noble estirpe; Que brilla noblemente. *Adal, Adberto, Alberto.*

ADAN (Hebreo) Primer hombre creado por Dios; Hombre hecho de barro; Hijo de la tierra; Humanidad. *Adam, Ad, Adama, Adamec, Adamo, Adams, Adao, Addam, Addams, Addem, Addie, Addis, Addison, Addy, Ade, Adem, Adham, Adhamh, Adim, Adnet, Adnon, Adnot, Adom, Adomas, Atim, Atkins, Edom.*

ADELINO (Griego) El príncipe que es audaz. *Adel, Adelin.*

ADELIO (Germano) El padre del príncipe noble. *Adel, Adelo.*

ADELMARO (Germano) De ilustre estirpe. *Adel, Adelmar, Adelmauro, Adelmiro.*

ADELMO (Germano) Noble protector. *Adel, Adelmiro.*

ADEMAR (Germano) El que es ilustre por sus luchas; Célebre y famoso combatiente. *Adem, Ademaro, Adhemar, Adimar.*

ADOLFO (Germano) Lobo Noble; Guerrero de noble estirpe; El que está ávido de nobleza. *Ad, Adolpho, Adolph, Adolf, Addolph, Adulfus, Adollf, Adolphe, Adolphus, Dolf, Dolph, Dolphus.*

ADONIS (Griego) Hombre de suma belleza; El más hermoso de los hombres. *Adon, Adonnis, Adonys.*

ADRIAN (Latín) Nacido en Adria, ciudad de Italia que le dio nombre al mar Adriático. *Adarian, Ade, Adiran, Adrain, Adrean, Adreean, Adreeyan, Adreyan, Adri, Adriaan, Adriann, Adriano, Adrien, Adrik, Adrin, Adrino, Adrion, Adron, Adryan, Adya, Arjen, Aydrean, Aydreean, Aydrian, Aydrien, Edrian, Hadrian, Hadriano, Hadrien, Haydrian, Haydrien.*

AGAMENÓN (Griego) El que permanece firme; El que es lento o que tarda en avanzar camino. *Agamen, Agammenón.*

AGAPITO (Griego) Amable; El muy amado.

AGUSTIN (Latín) Derivado de Augusto; Imperial; El que merece veneración. *Agusto, Agostin, Agoston, Aguistin, Agustino, Agustis, Augie, August, Augustin, Augusto, Augustyn, Augy, Austen, Austin, Austyn, Avgustin.*

ALADINO (Árabe) El que alcanzó la cumbre del saber religioso. *Aladdin, Alad.*

ALAN (Celta) Hombre imponente; De la tribu de los alanos; Apuesto. *Alain, Ailan, Ailean, Ailin, Al, Alaan, Alair, Aland, Alando, Alani, Alann, Alano, Alanson, Alen, Alin, Allain, Allan, Allayne, Allen, Alley, Alleyn, Alleyne, Allie, Allin, Allon, Allyn, Alon, Alun, Alyn.*

ALBERTO (Germano) De nobleza que resalta o que brilla. Contracción de Adalberto. *Abert, Adalbert, Adalbrecht, Adelbert, Adelbrecht, Ailbert, Al, Albert, Albertino, Alberts, Albertus, Albie, Albrecht, Albrekt, Allie, Alvert, Alverto, Alvertos, Aubert, Bert, Bertie, Berty, Dalbert, Delbert, Elbert, Elbrecht, Ulbricht.*

ALBINO (Latín) De tez muy blanca. *Albin, Albine, Alben, Albinson, Albyn, Alpin, Aubin.*

ALDO (Germano) Importante caudillo; Hombre noble. *Al, Ald, Aldano, Aldino, Aldis, Aldivin, Aldon, Aldous, Aldus, Alldo, Eldin, Eldis, Eldon, Eldous.*

ALEC (Griego) Defensor de la humanidad. *Aleck, Alek, Alekko.*

ALEJANDRO (Griego) Protector de hombres. *Ale, Alex, Alexis.*

ALEJO (Griego) El que repele el mal; El vencedor; El protector.

ALESIO (Griego) Que protege y defiende. *Alessio.*

ALESSANDRO (Griego) Es el protector y defensor de los hombres. *Alessio, Elek, Allex, Alix, Alax, Alex, Alexandre.*

ALEXANDER (Griego) Es el protector y defensor de los hombres. *Al, Alasdair, Alastair, Alaster, Alaxander, Alcander, Alcinder, Alcindor, Ale, Alec, Aleco, Alejandro, Alejo, Alek, Aleko, Aleksandar, Aleksander, Aleksandr, Aleksanteri, Alesandro, Alessandre, Alessandri, Alex, Alessandro, Alexan, Alexandre, Alexandro, Alexandros, Alexei, Alexi, Alexio, Alexis, Alexxander, Alexzander, Alic, Alicio, Alick, Alik, Alisander, Alissander, Alissandre, Alistair, Alister, Alistir, Alix, Alixander, Alixandre, Allie, Allistair, Allister, Allistir, Alsandare, Alyksandr, Iskander, Iskender, Lex, Lexo, Sacha, Sander, Sandero, Sandie, Sandor, Sandro, Sandros, Sandy, Sascha, Sasha, Saunder, Saunders, Sikander, Xander, Zander, Zandro, Zandros.*

ALEXIS (Griego) Defensor; Que se defiende. *Alexus, Alexsis, Alexes, Alexei, Elexis, Elexiah, Alexia, Elexess, Elexes, Elexas.*

ALFONSO (Germano) Batallador; Dispuesto; Luchador; Guerrero preparado para el combate. *Affonso, Alfons, Alfonse, Alfonsin, Alfonsino, Alfonz, Alfonzo, Alonso, Alonzo, Alphons, Alphonse, Alphonso, Alphonsus, Alphonz, Foncho, Fonz, Fonzie, Fonzo.*

ALFREDO (Germánico) El consejero ingenioso; Enemigo de la guerra y amigo de la paz; El gran consejero. *Ahlfred, Ailfred, Ailfrid, Ailfryd, Al, Alf, Alfeo, Alfey, Alfie, Alfre, Alfred, Alfredas, Alfredos, Alfrey, Alfrido, Alfy, Avery, Elfred, Fred, Freddie, Freddy, Fredo.*

ALLEN (Celta) Justo; Noble. *Allan, Alleen, Allyn.*

ALONSO (Germano) Hombre listo para el combate; El que está siempre preparado. *Alanso, Alanzo, Allohnso, Allohnzo, Allonso, Allonzo, Alohnso, Alohnzo, Alon, Alonzo, Lon, Lonnie, Lonny, Lonso, Lonzo.*

ALTERIO (Griego) Como un cielo estrellado. *Altero, Alter.*

ALUX (Maya) El genio del monte.

ALVARO (Germano) Muy atento; Persistente; Disciplinado; Hombre prudente; Vigilante. *Alvar, Albaro, Allvar, Alvarso, Alverio.*

ALVIN (Latín) De cara brillante o clara. *Albin, Alvino, Alvy, Alwin, Ailwyn, Al, Aloin, Aluin, Aluino, Alva, Alvan, Alven, Alvie, Alvyn, Alwyn, Alwynn, Aylwin, Elvin, Elwin, Elwyn, Elwynn.*

AMADOR (Latín) El que ama; El que da amor; Galán. *Amadore.*

AMARO (Griego) De gran riqueza. *Audomaro.*

AMBROSIO (Griego) Naturaleza divina; El inmortal. *Am, Ambie, Ambroeus, Ambroggio, Ambrogio, Ambroise, Ambros, Ambrosi, Ambrosino, Ambrosios, Ambrosius, Ambrossij, Ambroz, Ambrus, Amby, Brose, Emrys.*

AMILCAR (Fenicio) Rey de la gran ciudad; El que manda en la ciudad. *Amilcaro, Amilkar.*

ANACLETO (Griego) Invoca auxilio; Que resucitó; El que fue invocado.

ANANÍAS (Hebreo) Que tiene la gracia de Dios.

ANASTASIO (Griego) Que revivió o resucitó; El que renace a una nueva vida. *Anas, Anastacio, Anastagio, Anastas, Anastase, Anastasi, Anastasius, Anastatius, Anastes, Anastice, Anastius, Anasto, Anastos, Anstas, Anstasios,*

Anstasius, Anstice, Stasio, Stasius, Tasio, Taso, Tazio.

ANDANI (Tarasco) N.U. El que por sus buenas obras obtiene éxitos. *Andanni, Andan.*

ANDERSON (Sueco) Hijo de Andrés. *Andersen, Anders.*

ANDRAWI (Tarasco) Quien hace que el maíz germine.

ANDREAS (Griego) Viril; Varón; Hombre ilustre. *Andrés, André.*

ANDRÉS (Griego) Varonil; Valiente; Fuerte. *Adem, Aindrea, Aindreas, Analu, Anders, Andie, Andonia, Andor, Andras, André, Andrea, Andreas, Andrei, Andrej, Andresj, Andrew, Andrewes, Andrews, Andrey, Andrez, Andrezj, Andrian, Andriel, Andries, Andrij, Andrija, Andrius, Andro, Andros, Andru, Andruw, Andrzej, Andy, Antero, Dandie, Dandy, Drew, Dru, Drud, Drue, Drugi, Mandrew, Ohndrae, Ohndre, Ohnrey, Ondre, Ondrei, Ondrej, Ondrey.*

ANDRÓNICO (Germano) Hombre de la victoria. *Andrón.*

ÁNGEL (Latín) N.U. Mensajero de Dios. *Andjelko, Ange, Angele, Angelino, Angell, Angelle, Angello, Angelmo, Angelo, Angie, Angil, Anglo, Angy, Aniol, Anjel, Anjelo, Anyoli, Ohngel, Ohnjel, Onjel, Onjello, Onnjel, Onnjelo.*

ANIBAL (Fenicio) Gracia; Beneficio de Baal dios del pánico. *Hannibal.*

ANICETO (Griego) Invencible; Invicto; Triunfador; De gran fuerza. *Anicet.*

ANSELMO (Germánico) Que tiene la protección divina; El protegido de Dios; Guerrero del Señor. *Anselm, Anselmi, Anselmer.*

ANTONIO (Latín) Digno de alabanza; El floreciente; El defensor. *Andonios,*

Anthonio, Anthony, Antinio, Antoine, Antoino, Antolin, Anton, Antonello, Antonino, Antonito, Antonius, Antonyo, Antwan, Tony, Toño.

APARICIO (Latín) Derivado de Aparición (nombre místico); Alude a las apariciones de la Virgen en distintas etapas. *Aparecido.*

ARAMIS (Francés) N.U. Nombre de uno de los tres mosqueteros en literatura. *Aramys, Airamis.*

ARCHIBALDO (Germano) Muy valiente e intrépido; Atrevido en la nobleza. *Arch, Archie, Archaimbaud, Archambault, Archer, Archibold, Archimbald, Archimbaldo, Archy, Arquibaldo, Arquimbaldo, Baldie.*

ARDEN (Latín) N.U. Como una fiera; Lugar romántico. *Ardan, Ardeen, Ardeena, Ardena, Ardene, Ardenia, Ardi, Ardin, Ardina, Ardine.*

ARIEL (Hebreo) Proveniente de Dios; El que no duda. *Airel, Arel, Areli, Ari, Aria, Arial, Ariela, Aryel, Aeriel, Aeriell, Airyel, Airyell, Arie, Ariell, Arik, Aryell.*

ARIES (Griego) N.U. Ares era el dios de la guerra. *Ariez, Arie, Ares, Arese, Ariese.*

ARISTEO (Griego) Hijo de Zeus; El que aumenta las mieles; El destacado o el sobresaliente. *Aristino, Aristan, Aristeos.*

ARISTIDES (Griego) Hijo del mejor; El mejor de todos. *Aristide, Aristedes, Aris.*

ARISTÓFANES (Griego) Noble en sus propósitos.

ARISTÓTELES (Griego) Sabio; De nobles propósitos; En historia fue tutor de Alejandro El Grande. *Aristotelis, Aristo, Aris, Ari.*

ARLO (Inglés) La colina cercada. *Arlow, Arlowe, Arrlo, Arloh.*

ARMANDO (Germano) Guerrero noble; Hombre audaz. *Almando, Armad, Arman, Armand, Armande, Armani, Armin, Armon, Armond, Armonde, Armondo, Ormond, Ormonde, Ormondo.*

ARMANI (Hebreo) N.U. Fortaleza; Meta. *Armony, Armonio, Armoni, Armann, Arman, Armanii, Armanee.*

ARNALDO/ARNOLDO (Germano) El que protege y vigila desde lo alto; El que tiene el poder del águila. *Arnald, Arnold, Arnol, Arend, Arn, Arnau, Arnaud, Arnauld, Arnault, Arnd, Arndt, Arne, Arnel, Arnell, Arney, Arni, Arnie, Arno, Arnot, Arnoud, Arnout, Arny.*

ARNULFO (Germánico) Agudo como el águila. *Arnolfo, Arnulfos.*

ARON (Griego) Guerrero de Cólquide (la patria de Medea; actual Georgia en el Cáucaso). *Aronn, Ahron, Aaron, Arom.*

ARQUIMIDES (Griego) El que piensa mejor. *Archimides, Arkimides.*

ARSENIO (Griego) El más alto señor; Varonil y vigoroso; En historia, San Arsenio fue un maestro del imperio romano. *Arcenio, Arcinio, Arsanio, Arseenio, Arseinio, Arsemio, Arsen, Arsene, Arseni, Arsenios, Arsenius, Arseno, Arsenyo, Arsinio, Arsino.*

ARTEMIO (Griego) Integro o intacto; En mitología Artemis era la diosa de la caza y la luna. *Art, Artemas, Artemiro, Artemis, Artemus, Artie, Artimas, Artimis, Artimus, Arty.*

ARTURO (Celta) Alto; Noble; Guardián; Centinela de la Osa Mayor; Fuerte como un oso. *Aart, Arrt, Art, Artair, Arte, Arther, Arthor, Arthur, Arthuro, Artie, Arto, Artor, Artro, Artturi, Artur, Artus, Arty.*

ASH (Hebreo) Arbol de fresno. *Ashby.*

ASHLEY (Anglosajón) N.U. Prado de ceniza; Ceniza. *Ash, Ashely, Asheley, Ashelie, Ashlan, Ashleigh, Ashlen, Ashli, Ashlie, Ashlin, Ashling, Ashlinn, Ashly, Ashlyn, Ashlynn, Lee.*

ASIEL (Hebreo) Creado por Dios. *Asaiel, Aziel.*

ASPEN (Inglés) N.U. El álamo. *Aspyn, Aspin.*

ATAHUALPA (Inca) Inquieto; Inconforme; Ave de la fortuna; Famoso rey Inca.

ATANASIO (Griego) Inmortal. *Atanisio, Atan, Athan, Atanasios, Atanasius, Athanasius, Thano, Thanasis.*

ATILA (Germano) El Padre. *Atilano, Atilo, Attilia, Attilio.*

ATILANO (Latín) El consentido y querido. *Atilino, Atiliano.*

ATILIO (Latín) El favorito del abuelo. *Atil, Tilio.*

ATOTOTZIN (Azteca) Agua convertida en ave.

ATZIN (Azteca) Agua transparente. Debe acompañarse con otro nombre que indique sexo.

AUGUSTINO (Latín) Majestuoso; San Agustín fue el primer arzobispo de Canterburry. *Agoston, Aguistin, Agustin, Augie, Augustin, Augustinas, Augustyn, Augy, Austen, Austin, Austyn, Avgustin.*

AUGUSTO (Latín) Venerable o majestuoso; En historia fue el nombre del emperador romano César Augusto. *Augustus, Augus, Agostino, Agosto, Agustin, Agustine, Agustino, Agustus, Augie, Auguste, Augustin, Augustine, Augustino, Augy, Austen, Austin, Gus, Guss.*

AURELIANO/AURELIO (Latín) Dorado; En historia, Marco Aurelio fue un filósofo y emperador romano en el siglo II D.C. *Aurelino, Aurelo, Aurel, Aureli, Aurelius, Oriel.*

AUSTIN (Latín) Dignidad majestuosa. *Agustín, Austen.*

AVELINO (Latín) Natural de Avella. *Abelino.*

AXEL (Germano y Hebreo) Recompensa del cielo; Gratificación de Dios. *Axxel, Aksel, Ax, Axe, Axell, Axil, Axill, Axl, Axol.*

AXILH (Totonaca) Camaroncito de río.

AXIT (Totonaca) Nopal.

AZARÍAS (Hebreo) El Señor me sostiene y me guía. *Ahzarias.*

AZARIEL (Hebreo) El que domina las aguas y sobre ellas. *Azario, Ahzariel.*

AZRIEL (Hebreo) Dios es mi salvador. *Azrael.*

BALDEMAR/BALDOMERO (Alemán) El atrevido y famoso. *Baldemus, Baldomar, Baumar, Baumer.*

BALDUINO (Germano) El amigo valiente; Amigo audaz y poderoso. *Baldovino.*

BALDWIN (Alemán) Gran amigo. *Balduin, Baldovino, Bald.*

BALTAZAR (Español) Protegido por Dios; Dios salve al rey. *Balthazar, Balthasar, Baldassare, Baltasar, Balthasaar, Balthazaar, Belshazzar.*

BARNABÁS (Hebreo) Hijo que consuela; En la Biblia fue el discípulo de Pablo.

BARON (Inglés) Hombre noble. *Barrón, Barion, Baronicio, Barr, Barren.*

BARTOLO/BARTOLOME/ BARTOLOMEO (Hebreo) Anciano; Nacido de los surcos; Hijo de valiente guerrero; En la Biblia fue uno de los doce apóstoles. *Bartolomeus, Barto, Bartho, Barth, Bart, Bartalan, Bartel, Barthelemy, Barthlomeo, Barthol, Barthold, Bartholoma, Bartholomaus, Bartholomé, Bartholomeus, Bartin, Bartle, Bartlet, Bartlett, Bartlomiej, Bartolomej, Bartolomeu, Bartolommeo, Bartome, Bartow, Bartt, Bat, Bertel, Thole.*

BASILIO (Griego) Soberano; Majestuoso; Regio. *Basileo.*

BASIR (Turco) Discerniente e inteligente. *Bashir, Bashar.*

BAUDELIO (Germano) Valeroso y audaz. *Baudilio.*

BAUTISTA (Griego) El que bautiza. *Babtysta, Baptiste, Battista, Battiste.*

BECK (Inglés) Arroyo. *Becker*

BEETHOVEN (Holandés) Cortijos de remolacha.

BELISARIO (Griego) El que arroja las flechas con gran maña. *Belis, Belisarios, Belisarius.*

BELTRAN (Germano) Que lleva un escudo refulgente; Cuervo brillante; Audaz; Insigne.

BEN (Árabe) El hijo. *Benno, Benn, Benio, Behn, Benji, Benjy, Benne, Bennie, Benny.*

BENEDICTO (Latín) Bendito por Dios. *Benito, Benedick, Ben, Bendick, Bendict, Benedetto, Benedictos, Benedictus, Benedikt, Benedikte, Bengt, Benicio, Bennedict, Bennedikt, Bennet, Bennett, Bennie, Bennito, Bennt, Benoit, Bent, Venedictos.*

BENICIO (Latín) Buen jinete. *Benet, Bennett, Venicio.*

BENIGNO (Latín) Bondadoso con las personas; Humanitario; Puro; Amable; Que no daña; El pródigo.

BENITO (Latín) Bendito; Que fue bien bautizado; Benito Mussolini fue un líder italiano durante la segunda guerra mundial. *Beto, Beno, Benino, Benedo, Beni, Benny, Benedicto.*

BENJAMIN (Hebreo) Hijo favorito; Hijo menor. *Benji, Benjam, Benjahmin, Benja, Begamin, Bejamin, Ben, Benejamen, Beniamino, Benjaman, Benjamen, Benjamino, Benjamon, Benjee, Benjey, Benjie, Benjiman, Benjimen, Benjy, Benn, Bennie, Benno, Benny, Benyamin, Benyamino, Bibi, Binyamin, Binyamino, Jamin, Veniamin, Venyamin, Yamin, Yamino, Yemin.*

BENSON (Hebreo) Hijo de Ben. *Bensan, Bensen.*

BENTON (Inglés) Amarrás, el pueblo de Ben. *Bent.*

BERK (Turco) Sólido. *Berke, Birk, Bourke, Burk.*

BERNABE (Hebreo) Hijo de la profecía; Gemelo. *Bernabeu.*

BERNAL (Alemán) Fuerte como un oso. *Bernold, Bernel, Bernaldo, Bernald, Bernhald, Bernhold.*

BERNARDINO/BERNARDO (Germano) Valiente como un oso o con corazón de oso; El guerrero audaz. *Barnard, Barnardo, Barney, Barnhard, Barnhardo, Barnie, Barny, Bear, Bearnard, Berend, Bern, Bernabe, Bernal, Bernarr, Bernat, Bernd, Berndt, Bernhard, Bernhardo, Bernie, Bernis, Bernt, Burnard, Vernados.*

BERT (Alemán) Resplandor o brillo. *Birt, Berton.*

BERTIN (Español) Amigo distinguido. *Berti.*

BLADIMIRO (Galés) Príncipe de la paz. *Blad, Vladimiro, Vladimir, Vlad, Vladimeer, Wladimir, Wladimyr.*

BLAIR (Irlandés) Campo. *Blaire, Blayr, Blayre.*

BLAS (Griego) Tartamudo. *Blass, Blaz.*

BLASCO (Latín) Pálido. *Blas.*

BLAZE (Latín) N.U. Flama. *Biaggio, Biagio, Blaise, Blaize, Blase, Blasien, Blasius, Blayse, Blayze.*

BOAZ (Hebreo) Fuerte. *Boz, Bos, Bo.*

BONFILIO (Latín) Buen hijo. *Bonfilo.*

BONIFACIO (Mexicano) Bienhechor, el que hace bien a todos.

BORAK (Árabe) El iluminado; En mitología era el caballo que llevó a Muhammed al séptimo cielo.

BORIS (Eslavo y Ruso) El gran oso; Fue el santo patrón de Moscú; Incansable luchador. *Boriss, Borja, Borris, Borys.*

BOYD (Escocés) El de cabello rubio, amarillo. *Boid, Boyde.*

BRADEN (Inglés) Extenso valle. *Bredan, Bradyn, Bradin, Bradan, Bradden, Braddon, Bradon, Braeden, Braedon, Braiden, Braidin, Braydan, Brayden, Braydon.*

BRADLEY (Inglés) N.U. Extenso prado. *Bradlie, Bradleigh, Bradlee, Brad, Bradd, Bradlea, Bradly, Bradney, Lee.*

BRADY (Irlandés) N.U. Espiritual. *Braidy, Braydee, Braidey, Braidi, Bradi.*

BRANDON (Inglés) La colina iluminada. *Brandan, Branden, Brand,*

Bran, Brandin, Brandyn, Brannon, Branton, Brennan.

BRAULIO (Germano) Espada relampagueante; Batallador luminoso. *Brauliou, Brauli, Bravilio, Bravlio.*

BRENDAN (Germano) Espada. *Brennan, Brendis, Brenden, Bren, Brendano, Breandan, Brendin, Brendon, Brendyn, Brennen, Brennon.*

BRENTON (Inglés) La gran colina. *Brentin, Brentan, Brent, Brendt, Brennt, Brenten, Brentley, Brently, Brentt, Brentyn.*

BRIAN (Celta) Fuerte, virtuoso y honorable; En historia Brian Boru fue el rey más famoso de Irlanda. *Brain, Brayan, Bri, Briann, Briano, Briant, Briayan, Brien, Brion, Bryan, Bryant, Brye, Bryen, Brient, Bryent, Bryon, O'Brien.*

BRODY (Irlandés) Zanja. *Brodey, Brodee, Broden, Brodie, Brosedy.*

BRUCE (Francés) Bosque; Madera. *Brucey, Brucy.*

BRUNO (Germano) Escudo; Coraza; El de piel morena. *Brunon, Brunnus, Brun, Bruin, Bruino.*

BUCK (Alemán) Ciervo macho. *Bucko, Buckie, Bucky.*

BUD/BUDDY (Inglés) Heraldo o mensajero; Amigo. *Budd, Buddey, Buddie.*

BYRON (Francés) La cabaña. *Beyren, Beyron, Biren, Biron, Buiron, Byram, Byran, Byrann, Byren, Byrom, Byrum.*

CAÍN (Hebreo) El que forjó su propia lanza; En la Biblia fue el primer hijo de Adán y Eva. *Kain, Kaine.*

CAIRO (Árabe) En geografía es la capital de Egipto. *Kairo.*

CALEB (Hebreo) Guerrero de Dios; Impetuoso; En la Biblia fue acompañante de Moisés y Josué. *Calob, Caley, Cale, Calab, Kaleb.*

CALIOPE (Griego) De bella voz; Sonido armonioso. *Kaliope.*

CALIXTO (Griego) De gran belleza; El mejor. *Calisto, Calix.*

CALVIN (Latín) Calvo. Forma latinizada del reformador Calvino. *Calvyn, Calvon, Calv, Cal, Calvino, Kalvin, Vinnie.*

CAMERON (Escocés) N.U. De nariz doblada. *Camryn, Camiron, Camiran, Camira, Cameren, Cameran, Camara, Cam, Camaeron, Camedon, Camren, Camron, Camry, Kameron, Kamrey.*

CAMILO (Latín) Está presente en Dios; Niño nacido para ser libre. *Camillo, Camil, Camile, Camillus, Comillo.*

CANAAN (Hebreo) Humilde y de gran corazón; En historia es una antigua región ubicada en medio del río Jordán y el mar Mediterráneo. *Canán.*

CANDIDO (Latín) El que brilla por su blancura; Puro. *Candid.*

CAPY (Mixteco) Fuerte como el carrizo.

CARITINO (Griego) De buen rostro.

CARLOS (Español) El victorioso; El de la gran resistencia; Varonil. *Charlie, Carlitos, Carlo, Carl, Carlito, Carrlos.*

CARMELO (Hebreo) El de la viña de Dios; Como una espiga tierna. *Carmile, Melo, Carmel, Carmeli, Carmello, Karmel, Karmelo, Karmello.*

CARMINE/CARMINO (Latín) Canción. *Carman, Carmen, Carmin, Karman, Karmen.*

CARTER (Inglés) Conductor de auto. *Cart, Cartier, Cartrell.*

CASANDRO (Griego) El hermano del héroe. *Cassandro, Cassey, Cassy, Casander, Cassandero.*

CASIANO (Latín) Protegido por un yelmo. *Cassiano.*

CASILDO (Árabe) El mancebo que lleva la lanza.

CASIMIRO (Mexicano) El que predica la paz. *Kasimir, Kasimiro, Casimir, Cachi, Casimeer, Casmire, Casmir, Caz, Kazimierz, Kazimir.*

CAVUX (Mixteco) Guacamaya verde.

CAYETANO (Latín) Trabajador; Responsable; Natural de Gaeta, Italia.

CAYO (Latín) El de buena cara; Siempre alegre y divertido; Alegría de sus padres. *Cayito, Cay.*

CECILIO (Latín) Ciego; Pequeño; Relación a la música. *Cecil, Cecilius, Celio.*

CEDRIC (Inglés) Capital de combate. *Cedrick, Sedric, Cederic, Ced, Caddaric, Cedrik, Cedro, Rick, Sedrick, Sedrik.*

CEFERINO (Latín y Griego) Brisa; El que acaricia como el viento. *Seferino, Cefer.*

CELEDONIO (Griego) Como una golondrina. *Caledonio.*

CELESTINO (Latín) Que es del cielo; Habitante del reino celestial. *Célestine, Celestino, Celesto, Celindo, Selestine, Selestino, Silestino.*

CELIO (Latín) Celestial; Oriundo de una colina de Roma. *Celis.*

CELSO (Latín) Alto; Excelso; Sublime; Elevado; Noble. *Selso, Celzo, Selzo.*

CENOBIO (Latín) Que rechaza a los extranjeros; Dios da protección y salud. *Cenobino, Cenobias, Zenobio.*

CESAR (Latín) Proviene de Cesarea; Caudillo; De larga cabellera o adorno para el cabello; El nacido por cesárea; En historia fue un emperador romano. *Caesar, Caezar, Casar, Cesare, Cesario, Cesaro, Cezar, Chezare, Kaiser, Seasar, Sezar.*

CESAREO/CESARIO (Latín) Nacido por cesárea. *Cesarión.*

CHAD (Inglés) El guerrero; En geografía es un país al norte de Africa. *Chady, Chado, Chadd.*

CHANDLER (Inglés) El fabricante de velas. *Chandian.*

CHARLES (Inglés) El fuerte. *Carel, Carl, Carlo, Carlos, Carrol, Carroll, Cary, Caryl, Chad, Charleson, Charley, Charlot, Charl, Charlie, Charls, Charlton, Charly, Chas, Chaz, Chick, Chip, Chuck, Karel, Karl, Karol, Karolek, Karolik, Karoly.*

CHENCHO (Mexicano) El coronado.

CHEYENNE (Indio) N.U. Nombre de tribu. *Chayanne.*

CHRISTIAN (Latín) Que sigue a Cristo. *Cristian, Chris, Christino, Chrestien, Chretien, Christan, Christer, Christiano, Christie, Christo, Christos, Christy, Cristen, Cristiano, Cristino, Criston, Cristos, Cristy, Kit, Kris, Krister, Kristian, Kristo, Krystian, Krystiano.*

CHRISTOFER/CHRISTOPHER (Inglés) Cristiano; Santo patrono de los viajeros y marineros. *Chris, Christie, Christof, Christoffer, Christoforo, Christoph, Christoforus, Christophe, Christos, Christophoros, Cris, Cristobal, Cristofer, Cristoforo, Cristopher, Cristovano, Crystopher, Kester, Kit, Kitt, Kris, Kriss, Kristo, Kristofel, Kristofer, Kristoffer, Kristofor, Kristoforos, Kristos, Krzysztof, Stoffel, Tobal, Topher.*

CICERON (Latín) Agricultor; En historia fue un famoso orador romano. *Cicero.*

CIPRIANO (Griego) Consagrado a Venus; Sufrido; Solitario; Natural de Chipre. *Ciprias, Ciprien, Cyprian, Cyprien, Siprian, Sipriano, Siprien, Sipryan.*

CIRANO (Latín) Guerrero. *Ciran, Ciriano, Sirano, Siriano, Siran.*

CIRIACO (Griego) Enviado del Altísimo; De gran señoría. *Siriaco, Sirocco, Cirocco.*

CIRILO (Germano) Esplendoroso; El gran rey. *Ciril, Cirilio, Cirillo, Ciro, Cy, Cyril, Cyrile, Cyrill, Cyrille, Cyrillus, Kiril, Kyril.*

CIRINEO (Griego) Natural de Cirene (Libia).

CIRO (Persa) El sol. *Cy, Cye, Cyros, Cyroos.*

CLARENCIO (Latín) Claro; Victorioso. *Claran, Clarance, Clarence, Clarens, Claron, Clarons, Claronz, Clarrance, Clarrence, Clarrie, Klarance, Klarenz.*

CLARK (Francés) Clérigo; Erudito. *Clarke, Clerc, Clerck, Clerk.*

CLAUDIO/CLAUDINO (Latín) El que cojea; Que pertenece a la familia romana de los Claudios. *Claus, Claudin, Claude, Claudel, Claudan, Claud, Claudell, Claidianus, Claudicio, Claudien, Claudius, Claudon, Clodito, Clodo, Clodomiro, Klaudio.*

CLAY (Inglés) N.U. Hoyo o agujero de arcilla. *Klay.*

CLAYTON (Inglés) El pueblo construido en tierra de arcilla. *Clay, Cleyton, Kalyton, Klayton.*

CLAYBORNE (Inglés) Arroyo cerca de una playa de arcilla. *Claiborn, Claiborne, Clay, Claybourne, Clayburn, Klaiborn, Klaibourne.*

CLEMENTE (Latín) Bondadoso; Compasivo; Misericordioso; Suave. *Clem, Clemencio, Clemens, Clement, Clementino, Clementius, Clemmie, Clemmons, Clemmy, Klemens, Klement, Klementos, Kliment.*

CLINTON (Inglés) Pueblo en la colina. *Clint, Clintt, Klint, Klinton.*

CLODOMIRO (Germano) Capitán de insigne gloria; De gran fama. *Clodomir, Clodomar.*

CODY (Inglés) Almohada o cojín. *Codie, Codi, Codell, Codey, Kodie, Kodi, Kody, Kodey.*

COLBY (Inglés) De cabello oscuro. *Colbee, Colbert, Colbey, Collby, Colbin, Colbi, Colbie, Kolbin, Kolbi, Kolby.*

COLEMAN (Latín) El cultivador de coles. *Colman, Cole, Koleman, Kolman, Kole.*

COLIN (Irlandés) Terroncito; Niño explorador. *Cole, Colen, Kolin, Kolen, Kole.*

COLT (Inglés) Joven caballo. *Colte, Colter, Coltrane, Coulter.*

COM (Mixteco) Fruto de la palma.

CONAN (Árabe) El que es alabado. *Konan.*

CONNOR (Escocés) Sabio. *Conner, Conor.*

CONRAD (Germánico) Valiente; El que da consejos. *Conred, Con, Connie, Conrade, Conrado, Corrado, Cort, Curt, Konrad, Kort, Kurt.*

CONRADO (Germano) Audaz; Consejero sabio. *Konrado.*

CORDELL (Inglés) Fabricante de cuerdas. *Cord, Cordale, Cordas, Corday, Cordelle, Kordell, Kordelle.*

CONSTANCIO (Latín) Perseverante; Firme; Fidedigno. *Constance.*

CONSTANTINO (Latín) Perseverante; Firme; En historia Constantino el Grande fue uno de los más famosos emperadores romanos. *Consta, Constantinos, Constantin, Constans, Constanz, Constant, Constantius, Costa, Konstantin, Konstantio, Konstanz.*

COOPER (Inglés) Fabricante de barriles. *Couper, Cupertino.*

COREY (Irlandés) Hueco. *Cory, Cori, Core, Corie, Corley, Correy, Corrick, Corrie, Corry, Currie, Curry.*

CORNELIO (Griego) El que toca el cuerno en la batalla. *Con, Connie, Cornall, Corneille, Cornel, Cornelious, Corneliu, Cornell, Conelius, Corneluis, Cornelus, Corney, Cornilius, Corny, Kornelious, Kornelis, Kornelius, Neal, Neel, Neil, Neely.*

CRISANTO (Griego) Flor de oro; Flor aurea; Poseedor de la flor más valiosa. *Crisando, Crisaldo, Crisan.*

CRISÓFORO (Griego) Da consejos que tienen valor; Su palabra es valiosa como el oro. *Crisólogo.*

CRISÓSTOMO (Griego) Boca de oro; De palabra valiosa.

CRISPIN (Latín) De cabello ondulado. *Cris, Crispo, Crepin, Crespin, Crispian, Crispino, Crispus, Crisspin.*

CRISTIÁN (Griego) Hombre de Cristo; El que sigue a Cristo. *Chrestien, Chretien, Chris, Christan, Christer, Christian Christiano, Christie, Christo, Christos, Christy, Cristen, Cristhian, Cristiano, Cristino, Criston, Cristos,*

Cristy, Kit, Kris, Krister, Kristian, Kristo, Krystian, Krystiano.

CRISTOBAL (Griego) El que lleva a Cristo consigo; El domador. *Cristoval.*

CRISTOPHER (Griego) Que lleva a Cristo consigo. *Chris, Christof, Christofer, Christoffer, Christoforo, Christoforus, Christoph, Christophe, Christopher, Christophoros, Christos, Cris, Cristobal, Cristofer, Cristoforo, Cristovano, Kester, Kit, Kitt, Kris, Kriss, Kristo, Kristofel, Kristofer, Kristoffer, Kristofor, Kristoforos, Kristos, Krzysztof, Stoffel, Tobal, Topher.*

CROSBY (Escandinavo) Santuario. *Cosbie, Crosbie.*

CRUZ (Latín) N.U. Símbolo de la religión cristiana; Recuerda la crucifixión de Cristo. Este nombre debe ir precedido por otro que indique sexo. *Cruzito, Kruz.*

CUAUHTÉMOC (Azteca) Aguila que cae.

CUAUHTZIN (Azteca) Aguila venerada.

CUIHI (Mixteco) El de fruta buena.

CUISI (Mixteco) N.U. Cosa blanca.

CYRANO (Griego) Originario de Cyrene antigua ciudad griega; "Cyrano de Bergerac" es una obra de Rostand en donde un espadachín de nariz larga pelea por su gran amor. *Cirano, Ciriano.*

CYRILO (Griego) Señorial. *Ceril, Ciril, Cirilo, Sirilo, Syrilo.*

DALE (Inglés) El valle. *Daley, Dalen, Dan, Dael, Daile, Dallan, Dalle, Dallin, Dayle.*

DALMACIO (Latín) Natural de Dalmacia (región occidental de los Balcanes). *Dalmazio, Dalmas.*

DALMIRO (Germánico) Ilustre por su nobleza. *Adalmiro.*

DALTON (Inglés) Pueblo en el valle. *Delton, Daltin, Daltan, Dalt, Dalaton, Dal, Dalten.*

DAMIAN (Griego) El famoso o más comprensivo; Domador. *Damion, Damien, Damiano, Damiann, Damani, Daemon, Daimen, Daimon, Daman, Damen, Dameon, Damianos, Damianus, Damon, Damyan, Damyen, Damyon, Dayman.*

DAMON (Griego) El que es constante y leal. *Daman, Damoni, Damonn, Damone, Daymon.*

DAN (Hebreo) El que sabe juzgar; Juez; Fue hijo de Israel y Bilha. *Dann.*

DANIEL (Hebreo) Dios es juez; En la Biblia fue un gran poeta hebreo. *Dan, Danal, Dane, Daneal, Danek, Danell, Dani, Danial, Danick, Daniele, Daniell, Danil, Danilo, Danko, Dannel, Dannie, Danny, Dantrell, Dany, Danyal, Danyel, Dasco, Deiniol, Deniel, Doniel.*

DANILO (Hebreo) El que cree en la justicia divina. *Danillo.*

DANTE (Italiano y Latín) Duradero; Quien llega hasta el final; El que da; Dios es el trueno; De carácter firme. *Dantay, Dant, Danthe.*

DAREN/DARREN (Irlandés) El que es grande. *Darian, Darik, Darico, Darek, Darien, Darion, Darrian, Darrien, Darrion, Daran, Daron, Darrin, Darron, Darryn, Daryn, Derren, Derrian, Derrin.*

DARIO (Persa) Gobernador; Preservador; Adinerado. *Darias, Dariess, Darious, Darrius, Derrius, Derry.*

DARREL/DARRYL (Francés) El que es muy querido o amado. *Dare, Darel, Dariel, Dariell, Darral, Darrell, Darrill, Darrol, Darroll, Darry, Darryll, Daryl,*

Derell, Derrall, Derrel, Derrell, Derril, Derrill, Deryl, Deryll.

DARWIN (Inglés) El querido amigo; En historia, Carlos Darwin fue el naturista que estableció la teoría de la evolución. *Derwin, Darwyn, Darvin.*

DAVID (Hebreo) El amado por Dios; En la Biblia fue el primer rey de Israel. *Dabi, Daffy, Daffyd, Dafydd, Dai, Dave, Daven, Davey, Davi, Davidde, Davide, Davidson, Davie, Daviel, Davies, Davin, Davis, Daviso, Davon, Davy, Davyd, Davydd, Davyn, Dawid.*

DAVIN (Escandinavo) El brillante. *Dawin, Davon, Davion, Daven.*

DAX (Francés) Agua. *Dack, Daxton.*

DEAN (Francés) Líder. *Deane, Deen, Dene, Deyn, Dino.*

DECLAN (Irlandés) Hombre de oración; San Declain fue un obispo irlandés del siglo. *Deklan.*

DELFÍN/DELFINO (Latín) Juguetón como el delfín. *Delfinos, Delfinus, Delphino, Delphinos, Delphinus, Delvin.*

DELROY (Francés) El Rey. *Delray, Delrick, Delrico, Delroi, Delron.*

DELVIN (Inglés) Amigo prudente; Amigo de mi pueblo. *Delwin, Delvon, Del, Dalvin, Delven, Dalwin, Dalwyn, Delavan, Delevan, Dellwin, Delvon, Delwyn, Delwynn.*

DEMETRIO (Griego) El que ama a la tierra o sagrado en tierra; En mitología, fue seguidor de Demeter la diosa de la cosecha y la fertilidad. *Dametrius, Demetri, Demetrice, Demetrios, Demetris, Demitrios, Demitrius, Dhimitrios, Dimetre, Dimitrios, Dimetrius, Dimitri, Dimitrious, Dimitry, Dmitri, Dmitrios, Dmitry.*

DEMIAN (Griego) El que surgió del pueblo.

DEMOSTENES (Griego) Dominador; La fuerza del pueblo.

DEMPSEY (Irlandés) El que es prudente. *Demp, Dempsie.*

DENIS/DENNIS (Griego) Consagrado a Dionisio o Baco, dios del vino. *Dinis, Deniz, Den, Dennys, Denies, Dennes, Dennet, Denney, Dennie, Dennison, Denny, Denys, Deon, Dion, Dionisio, Dionysius, Dionysus, Diot.*

DEREK (Alemán) Gobernante. *Darek, Darrick, Darriq, Derak, Deric, Derick, Derik, Deriq, Derk, Dereck, Derreck, Derrek, Derrick, Derrik, Derryck, Derryk, Deryck, Deryk, Deryke, Dirk, Dirke, Dyrk.*

DERRY (Irlandés) Cabeza roja; En geografía es una ciudad al norte de Irlanda. *Dery, Derri, Derie, Derrie.*

DESIDERIO (Latín) Amigo incondicional; Aquel que es querido por Dios. *Desiderius, Diderot, Didier, Deri, Derito, Desi, Desideratus, Desiderios, Desiderus, Dezi, Dizier.*

DEVIN (Irlandés) El poeta. *Dewin, Devan, Dev, Deivin, Devena, Deven, Devinn, Devon, Devyn, Devynn.*

DEVLIN (Irlandés) Bravo como una fiera. *Dev, Devlyn, Devlon, Delvin, Devland, Devlen.*

DEVON (Inglés) Es un condado en Inglaterra, famoso por sus tierras de labranza hermosas. Varias ciudades en los Estados Unidos han sido nombradas igual. *Deavon, Devan, Deven, Deveon, Devin, Devion, Devonn, Devron, Devyn.*

DEXTER (Latín) El que es diestro. *Dextor, Dextar, Deck, Daxter.*

DICKSON (Inglés) Hijo de Dick. *Dickerson.*

DIEGO (Latín) El instruido; El que engaña; Suplantador. *Dago, Degas, Diago.*

DILAN/DILLON (Irlandés) N.U. Fiel; Leal. *Dillyn, Daillan, Dyllan, Dyllon, Dylon, Dylonn, Dilon, Dillan, Dil.*

DIMITRI (Eslavo) Perteneciente a Demeter; Una deidad terrestre y materna. *Demetrio, Demeter.*

DION (Griego) El valiente. *Deion, Deon, Deonn, Deonys, Deyon, Diandre, Diondre, Dionte, Dondre.*

DIOGENES (Griego) Claridoso; El que vino al mundo por Dios.

DIÓMEDES (Griego) Que tiene fe en la protección de Dios.

DIÓN (Griego) Dedicado a Dios.

DIONISIO (Griego) Dios del vino; Dios de la alegría; Que pertenece a Dionisos (Baco). *Dion, Dionio, Dioniso, Dionysios, Dyonysius, Dionysos, Dionysus.*

DIXON (Inglés) Hijo de Dick. *Dickson, Dix.*

DOMINGO/DOMINICO (Latín) El que es del Señor; Nacido en Domingo. *Domingos, Mingo, Demenico, Demingo, Dom, Domenic, Domenico, Domenique, Domini, Dominick, Dominie, Dominik, Dominique, Domino, Dominy, Nick.*

DONACIANO (Latín) De buenos principios.

DONAHUE (Irlandés) El guerrero oscuro.

DONAJI (Zapoteca) De extremo arrojo.

DONALD (Escocés) Líder del mundo; Quien gobierna con prudencia. *Donnie, Donalt, Donaldo.*

DONATO (Latín) Regalo de Dios o el que se da o dona; Don de Dios.

DONNEL (Irlandés) El valiente. *Doniel, Donel, Donal, Donell, Donnelly.*

DONOVAN (Irlandés) El guerrero oscuro. *Donvan, Donovon, Donovin, Donoven, Donevin, Donevon.*

DOODLEY/DOOLEY (Irlandés) Héroe oscuro. *Dooly.*

DORAN/DORIAN (Irlandés) El que es extranjero o el exiliado; Regalo de Dios. *Dory, Doron, Dorran, Dorin, Dore, Dorien, Dorion, Dorrian, Dorrien, Dorryen.*

DOROTEO (Griego) Regalo de Dios.

DORRELL (Escocés) El guardián de la puerta del rey. *Dorrel.*

DOUGLAS (Celta) Mar azul profundo. *Douglass, Doug, Dugaid.*

DREW (Galés) N.U. Sabio; Valiente. *Dru, Drue.*

DUANE (Galo) Oscuridad atezada. *Dewain, Dewayne, Duante, Duayne, Duwain, Duwaine, Duwayne, Dwain, Dwaine, Dwayne.*

DUARTE (Portugués) Protector; El que posee muchas riquezas.

DUKE (Francés) El líder; Duque. *Duky, Dekey.*

DUNCAN (Escocés) Guerrero café. *Dunn, Dunc, Doncan.*

DUSTIN (Germano) Peleador valiente. *Dust, Dustan, Dusten, Duston, Dusty, Dustyn.*

DWAYNE (Galo) La oscuridad. *Dawayne, Dewayne, Duane, Duwain, Duwayne, Dwain, Dwaine, Dwane.*

DYLAN (Galés) N.U. Hijo del mar; Legendario héroe del mar. *Dilan, Dillan, Dillon, Dyllan, Dyllon, Dylon, Dylonn.*

EARL (Irlandés) Garantía. *Errol, Erl, Earle, Earlie, Early, Erle, Erryl, Rollo.*

EBANI (Tarahumara) Despertará fuerte.

EBENEZER (Hebreo) La primera piedra. *Eb, Ebbaneza, Eben, Ebeneezer, Ebeneser, Ebenezar, Eveneser, Evenezer.*

EBERARDO (Germano) Que es fuerte como un oso.

EDBERT (Inglés) El que es rico. *Ediberto, Edvert, Ed.*

EDDIE (Inglés) Protector feliz; Guardián de la prosperidad. *Edward, Edy, Edi, Ed, Eddy.*

EDEL (Alemán) El que es noble. *Edelmar, Edell, Adel, Adlin, Edelin, Edlin.*

EDELMIRO (Germano) Representa nobleza. *Edelmino.*

EDÉN (Hebreo) N.U. Encantador; Deleite; En la Biblia fue el paraíso terrenal. *Elden, Edin, Edenson, Edan, Edyn, Edenia.*

EDGAR/EDGARDO (Germano) Que defiende sus dominios con la lanza o protector fiel. *Ed, Edek, Eadgar, Eadger, Eddie, Edgard, Ned, Neddy, Ted, Teddie.*

EDILIO (Griego) El que es como una estatua. *Edil.*

EDIPO (Griego) Que tiene los pies hinchados.

EDISON (Japonés) Hijo de Edward. *Edisen, Eddison, Eddy, Edson.*

EDMUNDO (Anglosajón) Protección de riquezas. *Mundo, Edmando, Edmondo, Eadmund, Eamon, Eamonn, Ed, Eddie, Edmon, Edmond, Edmonde, Neddie, Ted, Teddy.*

EDUARDO (Germano) Guardián de las mercancías. *Edoardo, Estuardo, Eadward, Ed, Eddie, Eddy, Edik, Edouard, Eduard, Edvard, Edvardas, Edwardo, Ewart, Lalo, Ned, Neddie, Ted, Teddie.*

EDWARD (Inglés) Protector feliz; Próspero guardián. *Eduardo.*

EDWIN (Anglosajón) Amigo de la propiedad; Próspero amigo. *Edwan, Edik, Eadwinn, Ed, Eddy, Edlin, Eduino, Edwyn, Ned, Neddy, Ted.*

EFRAÍN/EFREN (Hebreo) Muy fructífero; Fecundo. *Efrian, Efran, Efraim, Efrayim, Efrem, Efrim, Efryn, Ephraem, Ephream, Ephrem, Ephrim, Ephrym.*

ELADIO (Griego) Venido de Grecia. *Elado, Heladio.*

ELEAZAR/ELIAZAR (Hebreo) Dios es mi auxilio; Dios ha salvado. *Elazaro, Elazar, Eleasar, Eleazaro, Eli, Elie, Eliezer, Ely.*

ELEODORO (Griego) El que viene del sol. *Eleodor.*

ELEUTERIO (Griego) El que goza de libertad por honesto. *Eluterio.*

ELÍAS (Hebreo) El Señor es Dios; En la Biblia fue un gran profeta hebreo. *Elian, Elia, Elice, Ellice, Ellis, Elyas, Ehlias, Eliah.*

ELIGIO (Latín) El elegido. *Eligius, Eloy.*

ELIJAH (Hebreo) Dios es mi señor. *Eli, Elia, Elian, Elias, Elie, Elihu, Elija,*

Eliot, Eliyahu, Eljah, Elliot, Ellis, Ely, Elyot, Elyott.

ELISEO (Hebreo) Dios cuida mi salud; Dios es mi salvación. *Elizeo.*

ELMER (Inglés) El que es noble y famoso. *Elmo, Elmir, Ellmer.*

ELMO (Sajon) Cariñoso; Jovial; Afectuoso.

ELOY (Griego) Herrero; Elegido. *Eloi.*

ELPIDIO (Griego) El que espera; Que tiene esperanza.

ELVIS (Nórdico) Inteligente; Sabio. *Alvis, Alvys, El, Elvio, Elviss, Elviz, Elvo, Elvys.*

EMANUEL (Hebreo) Dios está con nosotros. *Eman, Emanual, Emanuele, Emmanual, Emmanuel, Emmanuell, Emmonual, Emmonuel, Emonual, Emonuel, Enmanuel, Iman, Imanol, Imanuel, Immanuel, Immanuele, Manny, Manual, Manuel, Manuelo.*

EMETERIO (Griego) Incontrolable; El que merece cariño.

EMIL (Germano) Industrioso. *Aimil, Aymil, Emelen, Emelio, Emile, Emilian, Emiliano, Emilianus, Emilio, Emilion, Emilyan, Emlen, Emlin, Emlyn, Emlynn.*

EMILIANO (Griego) Adjusto; Preciso. *Emilian, Milan.*

EMILIO (Latín) El que trabaja con esfuerzo. *Emilo, Emielio.*

ENEAS (Griego) El que es digno de alabanza; Uno de los elegidos.

ENOCH (Hebreo) Dedicado; En la Biblia era el padre de Matusalén. *Enok.*

ENRICO (Italiano) Patriarca. *Enrique, Rico.*

ENRIQUE (Germano) El príncipe en su tierra; Poderoso por su linaje; Dueño de fincas o señor del hogar. *Ernie, Enrico, Erico, Errico.*

EPIFANIO (Griego) El que irradia brillantez por su ilustración; Manifestación divina. *Epefano, Epefanio, Epephanio, Epifan, Epifano, Epiphany.*

ERASMO (Griego) El que es amable con todos; Que merece amor. *Eras, Erato, Rasmo.*

ERBERTO (Germano) El buen guerrero vigilante.

ERIBERTO (Italiano) Soldado glorioso. *Heriberto.*

ERIC/ERICK (Escandinavo) Siempre poderoso. *Erich, Ericc, Erek, Erik, Aeric, Aerick, Aerric, Aerrick, Aerricko, Aric, Arreck, Arric, Arrick, Erick, Eriq, Erix, Errick, Eryk, Rick, Rikky.*

ERMELINDO (Germano) Ofrece a Dios sacrificios. *Hermelindo.*

ERNESTO (Germano) Severo; Decidido; Serio; Honrado; El luchador decidido a vencer. *Ernest, Earnest, Ernestus, Ernie, Erno, Ernst.*

EROS (Griego) Dios del amor.

ESAÚ (Hebreo) Hombre velludo.

ESEQUIEL/EZEQUIEL (Hebreo) El poder de Dios. *Ezekiel, Ezechiel, Eziechiele, Eziequel, Ezequiel, Zeke.*

ESIQUIO (Hebreo) Alma buena. *Eusiquio.*

ESOPO (Griego) Buen augurio.

ESTANISLAO (Polaco) Glorioso; La gloria de su pueblo.

ESTEBAN (Griego) Coronado de laureles; Merecidamente coronado.

Estabon, Estefan, Estefano, Estephen, Estevan, Etienne, Staffan, Steba, Steben, Stefan, Stefano, Steffan, Steffen, Steffon, Stefon, Stephan, Stephano, Stephanos, Stephanus, Stephens, Stephenson, Stephon, Stevan, Steve, Steven, Stevenson, Stevie, Stevy.

ETHAN (Hebreo) Fuerte y firme. *Ethian, Ethen, Eitan, Etan, Aitan.*

EUCLIDES (Griego) De buena reputación; Inteligente.

EUFEMIO (Griego) Admirado; De buena palabra y fama.

EUFRASIO (Griego) Regocijante.

EUGENIO (Griego) Bien nacido o noble de nacimiento. *Eugen.*

EULALIO (Griego) Elocuente.

EULOGIO (Griego) Que habla bien; Que elogia. *Eulogius.*

EUSEBIO (Griego) Piadoso; Honrado por sus virtudes; De buenos sentimientos. *Esabio, Esavio, Esavius, Esebio, Eusabio, Eusaio, Eusebios, Eusebious, Eusavio, Eusevio, Eusevios.*

EUSIQUIO (Griego) Buena voluntad en todo.

EUSTAQUIO (Griego) Bien espigado; Sano; Firme.

EVAN (Irlandés) Joven guerrero. *Euan, Euen, Ev, Evann, Evans, Eva, Even, Evin, Evo, Evon, Evyn, Ewan, Ewen, Ewy, Owen.*

EVANGELINO (Griego) Aquel que lleva buenas nuevas.

EVARISTO (Griego) Muy agradable; Óptimo; Que se conforma con lo que tiene.

EVELIO (Hebreo) El que da vida.

EVERARDO (Germano) Audaz como un oso o siempre osado. *Everado, Eberhard, Evered, Everhart, Evrard, Evraud.*

EZEQUIAS (Hebreo) Aquel a quien Dios le dio fuerzas o que tiene fuerza divina.

EZRA (Hebreo) El auxiliador; Fue un sacerdote judío historiador que escribió las dos Crónicas y el Libro de Ezra y empezó a compilar y catalogar el Antiguo Testamento. *Azariah, Azur, Esdras, Esra, Ezer, Ezrah, Ezri.*

FABIAN/FABIANO (Latín) Labrador o cultivador de habas; Que nunca falta a su palabra. *Fab, Fabain, Fabayan, Fabe, Fabein, Fabek, Faber, Fabert, Fabi, Fabianno, Fabianus, Fabien, Fabin, Fabio, Fabion, Fabius, Fabiyus, Fabyan, Fabyen, Faebian, Faebien, Favian, Faybian, Faybien, Faybion, Faybionn.*

FABIO (Latín) El que cultiva habas. *Favio.*

FABRIZIO (Latín) El hijo del artesano; Constructor. *Fabricio, Fabrissio, Fabrizzio, Fabriano, Fabricius, Fabritius, Fabrizius.*

FACUNDO (Latín) Elocuente al hablar; El que dice discursos.

FAUSTO (Latín) Hombre que tiene suerte; Próspero y feliz; En historia fue un doctor alemán del siglo XVI quien escribió muchas leyendas. *Faustis, Faustino, Faustiniano, Faust.*

FEDERICO (Celta) Lleno de paz; Gobernante juicioso. *Freddy, Fredy, Frederic, Friedich.*

FELICIANO (Latín) Dichoso; Feliz; Afortunado. *Felisiano.*

FELIPE (Griego) Aficionado a los caballos; Amigo. *Flip, Filipo, Felipo,*

Felo, Felippe, Filip, Filippo, Fillip, Lippo, Pip, Pippo.

FELISARDO (Latín) Hombre valiente y hábil.

FÉLIX (Latín) Dichoso; Felicidad; Afortunado. *Fee, Felic, Felice, Feliciano, Felicio, Felike, Feliks, Felizio, Felo, Felyx, Phelix.*

FERDINANDO (Germano) El que es valiente; El aventurero. *Ferd, Ferdie, Ferdo, Ferdynand, Fernand, Fernandas, Fernando, Hernando, Nando.*

FERMIN (Latín) Fuerte, firme y constante; Que tiene fe en el infinito y en sí mismo. *Firmin.*

FERNAN (Germano) Pacífico, pero temerario; Bravo en la paz.

FERNANDO (Germano) El guerrero audaz; Valiente y pacífico. *Fernand, Ferdinando, Ferdinand, Fer, Hernando.*

FIDEL (Latín) Fiel; Leal; Digno de fe. *Fadelio, Fedele, Fidele, Fedelio, Fidal, Fidalio, Fidelio, Fidelis, Fidelix, Fidello, Fidelo, Fido.*

FIDENCIO (Latín) Posee valor.

FILBERTO (Español) Brillante.

FILEAS (Griego) El que ama entrañablemente. *Phileas.*

FILEMON (Latín) Aquel afecto a dar sin recibir. *Philemon, Fil.*

FILIBERTO (Germano) Que brilla por sus cualidades; Príncipe; Principal. *Filebert, Filibertt, Fil.*

FILIPO (Griego) De gran estirpe.

FILOMENO (Griego) Amante del canto. *Philomeno, Filomino.*

FLAVIO (Latín) De cabellos rubios; De cabellos de lino.

FLORENCIO (Latín) Que es bello como la flor; Floreciente.

FLORENTINO (Latín) De florido carácter.

FLOYD (Celta) Cavidad; Valle.

FLYNN (Irlandés) Hijo del señor pelirrojo. *Flin, Flinn, Flyn.*

FORTINO (Italiano) El suertudo.

FORTUNATO (Latín) Afortunado.

FRANCIS (Latín) N.U. Libre. *Chico, Ferenc, Feri, Frain, Fran, Franco, Frances, Francesco, Franche, Franchesco, Franchesko, Franchot, Francise, Francisco, Franciscus, Franciskus, Francois, Franio, Frank, Frankie, Franko, Frann, Frannie, Franny, Frans, Fransisco, Franta, Frants, Frantz, Franz, Franzel, Franzen, Franzin, Frasco, Frascuelo, Frasquito, Paco, Pacorro, Panchito, Pancho, Paquito.*

FRANCISCO (Germano) Libre; En religión Francisco de Asis es el fundador de la orden Franciscana. *Frisco, Frasco, Fransisco, Franco.*

FRANCO (Germánico) Perteneciente a los francos (tribus de Germania que conquistaron las Galias en el siglo V y dieron su nombre a Francia); Libre. *Franc, Frank.*

FRANK (Latín) Libre. *Franc, Franco, Franck, Francke, Frankie, Franky, Frantz, Franz.*

FRED (Germano) Paz. *Fredd, Fredson, Fredo, Fredigo, Fredico.*

FREDERICK (Alemán viejo) Gobernante pacífico. *Eric, Erich, Erick, Erico, Erik, Eryk, Federico, Federigo, Fred, Fredd, Freddie, Freddy, Fredek, Frederic, Frederich, Frederico, Frederik, Fredi, Fredric, Fredrick,*

Fredrik, Frido, Friedel, Friedrich,
Friedrick, Fridrich, Fridrick, Fritz,
Fritzchen, Fritzi, Fritzl, Fryderky, Ric,
Fredro, Rich, Rick, Ricky, Rik, Rikki.

FREEMAN (Inglés antiguo) Hombre
libre; Libertado de la servidumbre. *Free,*
Freedman, Freeland, Freemon, Freman,
Friedman, Friedmann.

FROILAN (Germano) Compañero o el
amo.

GABINO (Latín) El que viene de Gabio
(antigua región cercana a Roma);
Mercader. *Gavan, Gaven, Gavino,*
Gavyn, Gavynn, Gawain, Gawaine,
Gawayn, Gawayne, Gawaine, Gavyn,
Gwayn, Gwayne.

GABRIEL (Hebreo) La fuerza y el
poder de Dios. *Gabris, Gabrielli,*
Gabriele, Gabrial, Gabrel, Gabreil,
Gabor, Gabis, Gab, Gabo, Gabbi,
Gabbie, Gabby, Gabe, Gabi, Gabie,
Gabrian, Gabriello, Gaby, Gavriel,
Gavril, Gavrilo.

GAEL (Inglés) El que habla gaélico.
Gale.

GALENO (Griego) El que vive una vida
serena, calmada y pacífica.

GALILEO (Hebreo) Originario de
Galilea.

GARTH (Escandinavo) Jardinero.

GARY (Alemán) Espadachín poderoso.
Gari, Garry, Garie.

GASPAR (Persa) Señor del aroma; El
que guarda el tesoro; Rey mago.
Gaspari, Gasparo, Caspar, Casper,
Gaspard, Gasper, Jaspar, Jasper,
Kaspar, Kasper.

GASTON (Francés) Viajero sin rumbo;
El que es de Gasconia, Francia. *Gascón.*

GAUDENCIO (Latín) El que está alegre
y contento; Sensible.

GAVIN (Galés) El halcón blanco.
Gavon, Gavino, Gaven, Gavan, Gav,
Gavyn, Gavynn, Gawain, Gawaine,
Gawayn, Gawayne, Gawaine, Gwayn,
Gwayne.

GAYLORD (Francés viejo) Vivo;
animado. *Gaillard, Gallard, Galliard,*
Gay, Gayelord, Gayler, Gaylor.

GEDEÓN (Hebreo) El que destruye a
sus enemigos; Que proviene de la colina.
Gideon.

GELASIO (Griego) Risueño y muy
alegre; Gusta de la diversión.

GENARO (Griego) Nacido en enero; El
que está consagrado a Dios. *Genero,*
Gennaro.

GENOVES (Italiano) El que proviene de
Genova, Italia. *Genovis, Geno.*

GEOFFREY (Alemán viejo) Paz.
Geffrey, Geoff, Geoffery, Geoffroy,
Geoffry, Geofrey, Jefery, Jeff, Jefferey,
Jefferies, Jeffery, Jeffree, Jeffrey, Jeffry,
Jeffrie, Jeffries, Jefry, Jeoffrol, Jephers,
Jepherson, Jephrey, Jephry.

GEORGE (Griego) Granjero. Forma
anglosajona para decir Jorge. *Egor,*
Georas, Geordi, Geordie, Georg,
Georges, Georgi, Georgie, Georgio,
Georgios, Georgiy, Georgy, Gheorghe,
Giorgi, Giorgio, Giorgios, Giorgius,
Goran, Gorge, Gyorgy, Gyuri, Igor,
Jerzy, Jiri, Jorgan, Jorge, Jorgen, Jurek,
Jurgen, Jurik, Ygor, Yorick, Yorik, Yurik.

GERALDO (Germánico) El que domina
con su lanza. *Garald, Garold, Gary,*
Gerald, Gearalt, Geralde, Gerard,
Geraud, Gere, Gerek, Gerhard, Gerik,
Gerold, Gerolld, Gerolt, Gerollt,
Gerrald, Gerrard, Gerrell, Gerri,
Gerrild, Gerrold, Gerry, Geryld,
Giraldo, Giraud, Girauld, Girault,

Jerald, Jeraldo, Jerold, Jerri, Jerrold, Jerry.

GERARDO (Germano) Audaz; Hábil con las armas; Fuerte con la lanza. *Garrard, Garrat, Garratt, Garrett, Gearard, Gerard, Geraud, Gerhard, Gerhardt, Gerhart, Gerrard, Gerri, Gerry, Gherardo, Girard, Girault, Giraud, Jarard, Jarado, Jared, Jerard, Jerardo, Jerarrd, Jerrardo, Jerrott.*

GEREMIAS (Hebreo) El nombrado por Dios. *Dermot, Dermott, Diarmid, Geremia, Jem, Jemmie, Jereme, Jeremia, Jeremías, Jeremija, Jeremiya, Jeremy, Jermyn, Jerry, Yeremia, Yeremiya, Yeremiyah.*

GERMAN (Germano) Guerrero; hombre de la lanza. *Germain.*

GERÓNIMO (Italiano) Nombre sagrado; En historia fue un famoso jefe apache. *Geronemo, Gerome, Gerrie, Gerry, Hierome, Hieronim, Hieronimo, Hieronimos, Hieronimus, Hieronymos, Hieronymus, Jairo, Jairome, Jeroen, Jeromo, Jeronimo, Jerrome, Jerron, Jerrone, Jerry.*

GIANCARLO (Italiano) Comb. de Juan y Carlos. *Giancarlos.*

GIANFRANCO (Italiano) Comb. de Gian y Franco.

GIANLUCA (Italiano) Comb. de Gian y Luca.

GIANNI (Italiano) Dios es gracia. *Giani, Gionni.*

GIANPAOLO (Italiano) Comb. de Juan y Paolo. *Gianpaulo.*

GIDEON (Hebreo) El que corta árboles; En la Biblia fue el juez que liberó a los israelitas del cautiverio. *Gideone, Gidi, Gidon, Hedeon.*

GILBERTO (Germano) Que brilla por su espada en la batalla; Sirviente brillante. *Bert, Bertie, Burt, Gib, Gibb, Gil, Gilburt, Gill, Giselbert, Giselberto, Giselbertus, Guilbert.*

GILMORE (Irlandés) Devoto a la Virgen María. *Gil.*

GILROY (Irlandés) El que es devoto del rey. *Gildroy, Roy, Gilderoy, Gildray, Gillroy, Gillray, Gilray.*

GINO (Griego) El que vence en la batalla. *Ghino, Ghinno, Gin, Geeno, Geno, Jeno, Jino.*

GIORDANO (Latín) El que desciende; Río torrentoso.

GIORGIO (Italiano) El granjero. *Egor, Georas, Geordi, Geordie, Georg, Georges, Georgi, Georgie, Georgio, Georgios, Georgiy, Georgy, Gheorghe, Giorgi, Ygor, Giorgios, Giorgius, Goran, Gyorgy, Gyuri, Igor, Jerzy, Jiri, Jorgan, Jorge, Jorgen, Jurgen, Jurek, Jurik, Yorick, Yorik, Yurik.*

GIOVANNI (Italiano) Forma alternativa de Juanito. *Geovani, Geovanney, Geovanni, Geovanny, Geovany, Gian, Gianni, Giannino, Giovan, Giovani, Giovanno, Giovanny, Giovel, Giovell, Giovonni, Jiovanni, Jovan, Jovani, Jovanney, Jovanni, Jovanno.*

GIULIANO (Italiano) Que tiene cabello crespo o chino. *Julián.*

GLEN (Gaélico) Valle estrecho y boscoso. *Gleann, Glendale, Glendon, Glendyn, Glenn, Glennard, Glennie, Glennon, Glenny, Glin, Glinn, Glyn, Glynn.*

GONZALO (Germano) Salvado en combate; Genio de la guerra; Evasivo y hábil. *Consalvo, Gonzolo, Gonsalo, Goncalve, Gonsalve, Gonzales.*

GORDON (Celta) El de la colina. *Gordan, Gordain, Gord, Gorden, Gordie.*

GRACIANO (Latín) Que posee gracia; Grato; El reconocido por Dios; Que tiene el amor y la bendición divina.

GRANT (Inglés) El grande. *Grand, Grantham, Grantley.*

GREGORIO (Latín) El que vigila sobre su grey o congregación. *Gragory, Graig, Greer, Greg, Greger, Gregg, Greggory, Gregoire, Gregoor, Gregor, Gregori, Gregorie, Gregorius, Gregory, Gregos, Grigor, Grigori, Grigorios, Grygor, Grzegorz.*

GRIFFIN (Galés) Bestia mitológica; El de nariz chueca. *Griffon, Griffen, Griff, Gryffen, Gryffin, Gryphon.*

GUADALUPE (Árabe) N.U. El que vive; Fue el nombre con el cual se apareció la Virgen María en México. *Guadalope, Lupe.*

GUALBERTO (Germano) Con poder sobrenatural. *Gualterio.*

GUILLERMO (Germano) El que protege con su voluntad; Casco de oro. *Guglielmo, Guilermo, Guiller, Guill, Gillermo, Guilherme, Gwillyn, Gwilym.*

GUMARO (Germano) Caudillo de gran visión.

GUMERSINDO (Germano) Hombre de intachable conducta; El varón excelente. *Gumer.*

GUSTAVO (Germano) Que tiene el lugar del rey; Bastón de mando; Sostén de lo bueno. *Gustav, Gustaf, Gustabo, Gus, Guss, Gussie, Gustaaf, Gustaff, Gustaof, Gustave, Gustavus, Gustaw, Gustovo, Gustus, Gusztav, Tavin.*

GUZMÁN (Germano) Hombre de Dios.

HAROLD/HAROLDO (Escandinavo) General; El jefe de la armada. *Araldo, Aralt, Aroldo, Arry, Garald, Garold, Hal, Harald, Haraldo, Haralds, Harolda, Harrell, Harry, Heraldo, Herlad, Herold, Herrold, Herrick, Herryck.*

HARRISON (Inglés) El hijo de Harry. *Harison, Harisson, Harris, Harriss, Harrisson.*

HARRY (Germano) Caudillo militar; Con su ejército domina el territorio. *Harri, Harray, Hal, Harrie, Heimrich.*

HECTOR (Griego) Amparo; El defensor tenaz; En mitología fue un gran héroe de la guerra de Troya. *Hect, Ector, Ettore.*

HELADIO (Griego) Natural de Grecia. *Eladio, Elado, Helado.*

HELIODORO (Griego) Regalo del sol; Regalo de Dios. *Eleodoro, Helio, Heliodoros.*

HENDERSON (Inglés) El hijo de Enrique. *Hendron, Hendronn, Hendersen, Henders, Hendrie, Hendries, Henryson.*

HENRY (Germano) Gobernador del hogar. *Arrigo, Enrico, Enrikos, Enrique, Enzio, Hal, Hank, Harry, Heike, Heindrick, Heindrik, Heiner, Heinrich, Heinrick, Heinrik, Heinz, Hendrick, Hendrik, Henerik, Henning, Henri, Henrik, Henrique, Henryk, Heriot, Herrior, Hinrich.*

HERALDO (Germánico) Rey de armas. *Araldo, Aralt, Aroldo, Arry, Garald, Garold, Hal, Harald, Haralds, Harolda, Haroldo, Harrell, Harry, Herlad, Herold, Heroldo, Herrold, Herrick, Herryck, Hiraldo.*

HERBERT (Alemán viejo) Guerrero ilustre; Una isla en el Lago Derwentshire en Inglaterra, es denominada en honor al Santo Herbert (siglo VII). *Bert, Bertie,*

Erberto, Harbert, Herb, Herbie, Heribert.

HERIBERTO (Germano) Brillo o gloria del ejército; El que hace que el ejército llegue a la gloria.

HERMELINDO (Germano) El que es como escudo de fuerza. *Hermalindo.*

HERMENEGILDO (Germánico) El que ofrece sacrificios a Dios.

HERMES (Griego) Mensajero de los dioses griegos. *Ermes, Hermilo, Hermite, Hermus.*

HERMINIO (Germánico) El consagrado a Dios; Energético. *Armand, Armando, Armin, Ermanno, Ermano, Ermin, Harman, Harmon, Hermann, Hermie, Hermon.*

HERMÓGENES (Griego) Enviado de Hermes.

HERODES (Hebreo) El dragón del fuego.

HERON (Hebreo) Héroe; Gran combatiente.

HILARIO (Mexicano) Alegre; Festivo; El que siempre está de buen humor. *Helario, Hilaire, Hilar, Hilarid, Hilarie, Hilarión, Hilarius, Hillary, Hillery, Hilliary, Hilorio, Ilario, Illario.*

HIPÓCRATES (Griego) Dominador de animales.

HIPÓLITO (Griego) Que desata su pelo y se apresta a la batalla.

HOMERO (Griego) Ciego; Rehén; Garantía; En literatura fue un renombrado poeta griego. *Homeros, Homer, Homar, Homere, Homerus, Omero.*

HONORATO (Griego) Honorable; Honrado; El que ha recibido grandes honores. *Honorio.*

HORACIO (Latín) El consagrado a las divinidades mitológicas romanas (Horas); De mirada penetrante. *Honorius, Honoré, Horacio, Horatio, Horatius, Horaz, Oratio, Orazio.*

HORANGEL (Griego) Mensajero de las alturas o de la montaña.

HORTENSIO (Latín) El jardinero.

HOWARD (Inglés) El vigilante. *Ward, Howie.*

HUGH (Alemán viejo) Alma, mente e intelecto; Popular en la Edad Media y es el nombre de numerosos santos. *Hew, Hewe, Huey, Hughes, Hughie, Hugo, Hugues, Huw, Ugo.*

HUGO (Germano) El que tiene el pensamiento claro; Inteligente; Que tiene espíritu e inteligencia brillante. *Ugo.*

HUITZILIN (Nahuatl) N.U. El que siempre anda en flores como el colibrí.

HUMBERTO (Portugués) Valiente y fortachón; Muy brillante; Gigante; Distinguido. *Humbert, Umbert.*

HUMPHREY (Alemán viejo) Guerrero pacífico. *Humfrey, Humfrid, Humfried, Humfry, Humph, Humphery, Humphry, Hunfredo, Onfre, Onfroi, Onofredo, Onofrio.*

HUNTER (Inglés) El cazador. *Huntur, Huntter, Hunt.*

HURLEY (Irlandés) El mar limpio. *Hurleigh, Hurlie.*

IAN (Hebreo) Misericordioso es el Señor Dios. *Ean, Eann, Eion, Eon, Iain, Ion.*

IASI (Tarasco) N.U. Paloma silvestre.

IGNACIO (Latín) Ardiente; Fogoso; Desconocido; Del fuego. *Iggie, Ignac, Ignace, Ignacius, Ignasho, Ignatious, Ignatz, Ignaz, Ignazio, Inacio, Inigo, Nacho.*

IGOR (Ruso) Hijo de la Milicia. *Yegor, Igoryok, Egor.*

ILDEFONSO (Germano) Socorro en el combate; El que es ágil para el combate; Luchador. *Idefonso.*

INDALECIO (Árabe) El que es igual al maestro; Fuerza.

INOCENCIO (Latín) El que no tiene mancha ni culpa. *Inosente, Inocenzio, Inocenci, Inocente, Innocent, Innocenty, Innocenzio.*

INTI (Inca) N.U. Nombre que le daban los incas al sol, a quien consideraban el ser supremo. Debe ir acompañado por otro nombre que indique sexo.

IRINEO (Griego) Amante de la paz. *Ireneo*

IRVING (Galés) El río blanco. *Irwin, Earvin, Erv, Ervin, Irv, Irven, Irvin, Irvine, Irvyn.*

ISAAC (Hebreo) Sonrisa de Dios; El que ríe; En la Biblia fue el hijo de Abraham y Sara. *Isaic, Isack, Isacco, Isacc, Isaak, Ike, Ikey, Ikie, Isa, Isac, Isak, Itzak, Itzhak, Izaac, Izaak, Izak, Izik, Izsak, Yitzhak, Zack, Zak.*

ISAIAS (Hebreo) Dios es mi salvación; En la Biblia fue un influyente profeta hebreo. *Isa, Isai, Isaiah, Isaiahs, Isaid, Izayus, Isaia, Isais, Isia, Isiah, Issiah, Izaiah, Iziah.*

ISAURO (Latín) Que procede de Isauria, antigua región de Asia Menor.

ISIDORO/ISIDRO (Griego) Don equitativo; El regalo de Isis (diosa egipcia). *Dore, Dorian, Dory, Isador, Isadore, Isidre, Isidor, Isidoros, Isidorus, Issy, Izidor, Izydor, Izzy, Ysidro.*

ISMAEL (Hebreo) Dios oyó mis ruegos. *Ishmael, Ishamaell, Ismail, Ysmael, Ysmail.*

ISRAEL (Hebreo) El que lucha por Dios; Fuerza de Dios o triunfante en el Señor. *Ysrael.*

ITZEL (Maya) N.U. Lucero; Protegido. *Ixchel, Itsel, Itchel, Itcel.*

ITZMAN (Maya) Mago de agua.

IVÁN (Hebreo) Dios es misericordioso. *Ivon, Ivin, Ivas, Ivano, Ivann, Ifan, Ivanhoe, Iwan.*

IXKAN (Maya) N.U. La señora del maíz.

IXONAT (Totonaca) La que corta las flores.

JABEL (Hebreo) Arroyo fluyente.

JABEZ (Hebreo) El nacido del dolor. *Jabesh, Jabes, Jabe.*

JACINTO (Griego) Nombre de flor; El que irradia o el vestido de púrpura. *Jacindo, Jacint.*

JACK (Inglés) Forma estadounidense de Juan. *Jocko, Jock, Jax, Jak, Jackub, Jacko, Jackie, Jackey, Jackman, Jacky, Jacq, Jacqin, Jaq.*

JACKSON (Inglés) El hijo de Jack. *Jack, Jackie, Jacksen, Jacky, Jacson, Jakson, Jax, Jaxen, Jaxon, Jaxson.*

JACOB (Hebreo) El que sustituye; Dios protege; En la Biblia fue el hijo de Isaac, hermano de Esau. *Cob, Cobb, Cobby, Giacamo, Giacobo, Giacomo, Giacopo, Hamish, Iacopo, Iacovo, Iago, Iakob, Iakobos, Iakov, Jaco, Jacobi, Jacobo, Jacoby, Jack, Jackie, Jacko, Jacky, Jacobus, Jacques, Jacquet, Jago, Jaime, Jake, Jakie, Jakob, Jakobos, Jakov, Jakub, James, Jamesie, Jamey, Jamie, Jamsey, Jay, Jayme, Jim, Jimmie, Seamus, Shamus, Yakov.*

JAIME (Hebreo) Suplantador; El que se coge el talón. *Jayme, Jaimy, Jaimito, Jaimie, Jaimey, Jaimee, Jaymie.*

JAIRO (Español) El iluminado. *Jaire, Jair.*

JAMES (Inglés) El que sustituye. *Jaime, Jim, Jem, Jay, Jamez, Jamesy, Jakome, Jago, Jacques, Jacob, Jamie, Jamison, Jayme, Jaymes, Jimmie, Jimmy.*

JANO (Griego) El que es brillante como el sol; Dios Romano.

JASON (Griego) El sanador; En mitología fue un héroe que guió a los argonaustas en la búsqueda de la oveja dorada. *Jace, Jacen, Jaisen, Jaison, Jase, Jasen, Jasin, Jasun, Jay, Jayce, Jaysen, Jayson, J'son.*

JAVIER (Vasco) El de la casa nueva. *Javiar, Javer, Jabier, Havier, Haviero, Javi, Javiero.*

JAY (Francés) N.U. El pájaro azul. *Jai, Jaye, Jae, Jayron, Jayronn, Jeh.*

JEREMIAS (Hebreo) Exaltación del Señor o ensalzado por el Señor; En la Biblia fue un gran profeta hebreo. *Dermot, Dermott, Diarmid, Geremia, Geremías, Jaramia, Jem, Jemmie, Jeramiah, Jereias, Jereme, Jeremi, Jeremia, Jeremiah, Jeremial, Jeremija, Jeremiya, Jeremy, Jermyn, Jerry, Yeremia, Yeremiya, Yeremiyah.*

JEREMY (Edad Media) Ensalzado por el Señor. *Jem, Jemmie, Jemmy, Jeramee, Jeramey, Jeramie, Jeramy, Jere, Jereme, Jeremie, Jeromy, Jerry.*

JERICO (Árabe) En la Biblia fue la ciudad conquistada por José. *Jerryco, Jerricoh, Jerrico, Jeric, Jerik, Jerrick, Jericko, Jherico.*

JEROME/JERONIMO (Griego) De nombre sagrado. *Gerome, Geronimo, Gerrie, Gerry, Hierome, Hieronim,*

Hieronimo, Hieronimos, Hieronimus, Hieronymos, Jerrone, Hieronymus, Jairo, Jairome, Jerry, Jeroen, Jeromo, Jerrome, Jerron.

JERRY (Alemán) Espadachín poderoso. *Gerrey, Gerry, Jery, Jerison, Jeris, Jere, Jehri, Jerre, Jerrey, Jerrie.*

JESSE (Hebreo) N.U. El que es rico o adinerado. *Jessy, Jess, Jesi, Jese, Jessey, Jesiah, Jessie, Yishai.*

JESUS (Hebreo) Salvador; Dios ayudará; En la Biblia es el hijo de María y José; Hijo de Dios en la religión católica y cristiana. *Josu, Jesu, Jessus, Jecho, Jesous.*

JIM (Hebreo) El suplente o sustituto. *Jimmy, Jimm, Jimbo, Jacob, Jago, Jaime, Jamie, Jamison, Jayme, Jaymes, Jem, Jimmie.*

JOAQUIN (Hebreo) El señor juzgará; Dios construye. *Akim, Ioakim, Jachim, Jakim, Joacheim, Joachim, Joaquim, Joakim, Jokinn, Josquin, Jov, Yachim, Yakim.*

JOB (Hebreo) El perseguido; En la Biblia fue un hombre recto quien superó muchos conflictos. *Joby, Jobie, Jobey, Jobert, Jobe, Joab.*

JOEL (Hebreo) Dios es el señor; En la Biblia fue un profeta del antiguo Testamento. *Yoel, Jole, Joely, Joelle, Joell.*

JOHN (Hebreo) Dios es gracia. *Anno, Ean, Eian, Eion, Euan, Evan, Ewan, Ewen, Gian, Giannes, Gianni, Giannis, Giannos, Giovanni, Hannes, Hanno, Hans, Hanschen, Hansel, Hansl, Iain, Ian, Ioannes, Ioannis, Ivan, Ivann, Iwan, Heanno, Jack, Jackie, Jacky, Jahn, Jan, Janco, Jancsi, Janek, Janis, Janko, Janne, Janos, Jansen, Jas, Jean, Jeannot, Jehan, Jen, Jenkin, Jenkins, Jens, Jian, Jianni, Joannes, Joao, Jock, Jocko, Joen, Johan, Johanan, Johann, Johannes,*

John-Carlo, Johnie, John-Michael, Johnn, Johnnie, Johnny, John-Patrick, John-Paul, Johon, Jon, Jona, Jonas, Jone, Jonnie, Jovan, Jovanney, Jovanney, Jovanni, Jovonni, Juan, Juanito, Juwan, Sean, Seann, Shane, Shaughn, Shaun, Shawn, Vanek, Vanko, Vanya, Yanni, Yanno, Zane.

JON (Inglés) Variante de John o forma corta de Jonathan. Jon también es usado en la moda francesa, unido con guión con un segundo nombre. *Jon-Carlo, Jon-Corey, Jon-David, Jon-Luke, Jonn, Jonnie, Jonny, Jontae, Jonte, Jon-Paul.*

JONAH/JONÁS (Hebreo) Sencillo como una paloma; En la Biblia fue un profeta del Antiguo Testamento. *Yunus, Yonah, Jona, Giona, Jonasco, Joonas, Jonutis, Jonus, Jonukas, Jonelis, Jonaus, Jonass, Jonahs.*

JONATAN/JONATHAN (Hebreo) Don y gracia de Dios. *Jon, John, Sean, Johny, Jonthan, Jonnathan, Jonatha, Johnathan, Johnathon, Jonathon.*

JORDÁN (Hebreo) El regenerador y el purificador. *Giordano, Jardan, Jared, Jarod, Jarred, Jarrod, Jarrot, Jarrott, Jerad, Jerred, Jerrod, Jerrot, Jerrott, Jordaan, Jordae, Jordain, Jordaine, Jordane, Jordanio, Jordann, Jordanni, Jordany, Jordao, Jordell, Jorden, Jordi, Jordian, Jordin, Jordon, Jordy, Jordyn, Jori, Jory, Jourdain, Jourdaine, Jourdan, Jud, Judd.*

JORGE (Griego) Campesino; Agricultor; El que labra la tierra. *Joji, George, Jorrin, Joris, Jorgen, Jorg, Jorgen, Jorje.*

JOSE/JOSEPH (Hebreo) Dios acrecentará y multiplicará; Dios engrandece; En la Biblia fue el esposo de María (madre de Jesús). *Che, Giuseppe, Giuseppino, Iosef, Iosep, Iosif, Iosip, Jessop, Jessup, Jo, Jodi, Jodie, Jody, Joely, Joey, Joop, Joos, Joseba, Josef,*

Joseito, Joselito, Josep, Josephat, Josephe, Josephus, Josif, Josip, Joss, Josue, Joszef, Joza, Joze, Jozef, Jozio, Jozsi, Osip, Pepe, Pepito, Peppi, Pino, Pipo, Sepp, Seppi, Yousef, Yusif, Yussuf, Yusuf, Yusup, Yuszef.

JOSH/JOSHUA (Hebreo) Dios es salud y salvación. *Joshuah, Joss, Josua, Josue, Joushua, Jozua, Yehoshua.*

JOSHA (Hindú) El que es está satisfecho.

JOSIAH (Hebreo) El fuego del Señor. *Josie, Josias, Josian, Josiahs, Joshiah, Josia, Joziah.*

JOSUÉ (Hebreo) Dios salva; El Señor es la salvación; En la Biblia fue el guía de los israelitas a la tierra prometida. *Jozua, Joshula, Joshusa, Joshus, Joshuia, Joshu, Joshia, Joshaun, Joshaua, Joshau, Josh, Johusa, Johsua, Jeshua.*

JUAN (Español) Lleno de la gracia de Dios; En la Biblia fue el nombre del honorable Juan el Bautista o Juan el Evangelista. *Anno, Cahn, Ean, Eian, Eion, Euan, Evan, Ewan, Ewen, Gian, Giannes, Gianni, Giannis, Giannos, Giovanni, Hannes, Hanno, Hans, Hanschen, Hansel, Hansl, Heanno, Iain, Ian, Ioannes, Ioannis, Ivan, Ivann, Iwan, Jaan, Jack, Jackie, Jacky, Jan, Janak, Jancsi, Janek, Janik, Janko, Jann, Janne, Jano, Janos, Janson, Jas, Jasio, Jean, Jeannot, Jehan, Jenkin, Jenkins, Jens, Jian, Jianni, Joan, Joannes, Joao, Jock, Jocko, Johan, Johanan, Johann, Johannes, John-Carlo, Johnie, John-Michael, Johnn, Johnnie, Johnny, John-Patrick, John-Paul, Johon, Jon, Jona, Jonnie, Jovan, Jovanney, Jovanney, Jovanni, Jovonni, Juanch, Juanchito, Juane, Juanito, Juann, Juaun, Juwan, Sean, Seann, Shane, Shaughn, Shaun, Shawn, Vanek, Vanko, Vanya, Yan, Yanni, Yanno, Zane.*

JUDAS (Hebreo) Alabanza a Dios; El que fue premiado; En la Biblia Judas

Iscariote fue el discípulo que traicionó a Jesús y Judas Tadeo fue otro de los apóstoles, quien escribió los evangelios en el Nuevo Testamento.

JULIÁN (Latín) De mucho pelo; De barba suave. *Jullian, Juliano, Juliaan, Julean, Jolyon, Jules, Julianus, Julien, Julio, Julius, Julyan.*

JULIO (Latín) Hijo de Eneas de la familia romana Julia; El que está lleno de juventud; Barbudo; En historia Julio César fue el gran emperador romano. *Julius, Julian, Julen, Jules, Julas, Giulio, Jolyon, Jule.*

JUSTIN (Latín) Justo. Versión francesa de Justino. *Giustino, Giusto, Joos, Joost, Justain, Justan, Just, Juste, Justen, Justinas, Justinian, Justinius, Justino, Justinus, Justis, Justo, Justus, Justyn.*

JUSTINO (Español) El que es justo y recto. *Juston, Justo, Justinas, Justen, Justan, Justaino,Justiniano, Jost, Jestin, Jaston, Jastin.*

JUVENAL (Latín) Juvenil; Joven que necesita consejo; En literatura fue un poeta satírico romano. *Juventino.*

JUVENCIO (Mexicano) El que es joven.

KARL (Germano) Varonil; Fuerte. *Carl, Karel, Karlan, Karle, Karlens, Karli, Karlin, Karlo, Karlos, Karlton, Karrel, Karol, Karoly, Karson.*

KEITH (Galés) Habitante del bosque; Campo de batalla.

KELVIN (Japonés) Río angosto. *Kelvan, Kellven, Kelven, Kelvon, Kelvyn, Kelwin, Kelwinn, Kelwyn.*

KEN (Japonés) Aquel que tiene estilo. *Keno, Kenno, Kena, Kenna, Kennan, Kenney, Kennie, Kenny.*

KENNETH (Celta) Hermoso; Que está bien plantado y firme. *Kenya, Kenny, Kennith, Keneth, Ken, Kennet, Kennett.*

KENNY (Celta) Buen mozo. *Kenney, Kinney.*

KEVIN (Irlandés) Hermoso; Gentil; Bello nacimiento. *Kevon, Kevis, Kevins, Kevinn, Kevian, Keven, Kevan, Kev, Keivan, Keaven, Kaiven, Kenney, Kinney.*

KIEFER (Alemán) Constructor de barriles. *Keefer, Keifer, Kieffer, Kiefner, Kieffner, Kiefert, Kuefer, Kueffner.*

KIN (Maya) N.U. Resplandeciente como el sol; Oro.

KIRBY (Escandinavo) La villa de la iglesia. *Kirbie, Kirbey, Kerby, Kerbie, Kerbey.*

KIRK (Anglosajón) Iglesia. *Kirken, Kerk, Kirkland, Kirklin, Kirklyn, Kyrk.*

KYLE (Irlandés) Pedazo pequeño de tierra. *Kyll, Kyel, Kye, Ky, Kilen, Kiel, Kile, Kiley, Kylan, Kylar, Kylen, Kyler, Kyrell.*

LADISLAO (Polaco) El que gobierna con gloria.

LAMBERT/LAMBERTO (Germano) Tierra brillante; Oveja bravía; Persona ilustre en su país. *Lambart, Bert, Lambirt, Landbert.*

LAMPA (Zapoteca) Aura.

LANDO (Germano) Defensor de la tierra o patria. *Landolfo.*

LAUREANO/LAURENCE/ LAURENCIO (Latín) El coronado con laureles. *Laurus, Laurits, Lauris, Laurin, Laurie, Laurent, Laurens, Laurencho, Lauren, Laurance, Lauran, Lanny.*

LAURO (Latín) Merecedor de gloria; Laurel; Triunfo; Victoria.

LAWRENCE (Inglés) Alabado. *Larance, Laranz, Larenz, Larrance, Larrence, Larrens, Larrey, Larry, Lars, Laurance, Lauren, Laurence, Laurens, Laurent, Laurentios, Laurentius, Laurenz, Laurie, Laurits, Lauritz, Lavrans, Lavrens, Lawrance, Lawrey, Lawrie, Lawry, Lenci, Lon, Lonny, Lorance, Lorant, Loren, Lorenc, Lorence, Lorencz, Lorens, Lorentz, Lorenz, Lorenzen, Lorenzo, Lorin, Loritz, Lorrence, Lorrenz, Lorry, Lowrance.*

LAZARO (Hebreo) En la Biblia fue el personaje a quien Jesús resucitó de la muerte. *Lázaros, Lazre, Lazar, Eleazer, Lazare, Lazarillo, Lazarus, Lazear, Lazer, Lazzaro.*

LEANDRO (Griego) Que es como un león. *Ander, Leandre, Leandrew, Leandro, Leandros, Leanther, Lee, Leiandros, Leo, Liander, Liandro.*

LENNY (Germano) Fuerte como un león. *Len, Lenn, Lennell Lennie.*

LEO (Griego) Fuerte como un león. *Lee, Leon, Leonas, Leoncio, Leonek, Leonel, Leonello, Leonetti, Leoni, Leonid, Leonon, Leons, Leontios, Leos, Leosko, Lev, Lio, Lion Lyo, Lyon.*

LEOCADIO (Griego) El que resplandece por su blancura.

LEONARDO (Germano) Fuerte como un león; León valeroso. *Lee, Len, Lenard, Lenn, Lennard, Lennart, Lennerd, Lennie, Lenny, Leo, Leon, Leonard, Leondaus, Leone, Leonerd, Leonhard, Leonid, Leonidas, Leonides, Leonis, Lonnard, Lonny.*

LEONCIO (Griego) Como un león.

LEONEL (Latín) Garra de león. *Lionel, Lionell, Leonell, Lee, Leon, Leoncio, Leonello, Leontios, Lev, Lion, Lyon.*

LEONIDAS (Griego) Como un león. *Leonides.*

LEOPOLDO (Germano) Hombre valiente como un león. *Leo, Leopold.*

LEROY (Francés) El rey. *Roy, Leroi, Lerai, Elroi, Elroy, Lee, Leeroy.*

LESTER (Latín) El campo elegido. *Les, Less, Leicester.*

LEVI (Hebreo) Hijo de Israel y Lia; El que une; El lazo entre los suyos. *Lewi, Levy, Levitis, Levin, Levie, Levey, Leavi.*

LIAM (Irlandés) Protección firme. *Lyam.*

LIBERATO (Latín) El liberado. *Liberatus, Liberto.*

LIBERIO (Portugués) La liberación. *Liborio, Liborion.*

LIBORIO (Latín) Que vino o nació en Líbora (España).

LINO (Griego) Que teje el lino.

LIONEL (Latín) León. *Leonel, Leonello, Lionell, Lionelo, Lionello, Lionnel, Lionnell, Lionnello, Lonell, Lonnell, Lyonel, Lyinell, Lyonelo, Lyonnel, Lyonnell, Lyonnello.*

LISANDRO (Griego) Que resuelve un combate; Libertador de hombres. *Elisandro, Lesandro, Lizandro, Lysandros.*

LOGAN (Irlándés) La colina. *Loggun, Logun, Logn, Logon, Loghan, Loggan, Logen, Logann, Loagon, Loagen, Loagan, Llogan.*

LORENZO (Latín) El victorioso; Coronado de laureles; Natural de Lacio. *Larenzo, Laurencio, Loence, Lorenco, Loreno, Lorens, Lorenso, Lorent, Lorento, Lorentz, Lorenz, Lorenzino Loretto, Lorinzo, Loritz, Lorrenzo, Lorry, Lourenzo, Lowrenzo, Nenzo.*

LORETO (Latín) Hermoso cual bosque de laurel; Advocación a la Virgen del Loreto. *Loretto.*

LOT (Hebreo) El que oculta su rostro; En la Biblia fue un personaje del Antiguo Testamento.

LOTARIO (Germano) Portador de paz y alegría; Gloria del ejército; El guerrero ilustre. *Lothair, Lothar, Lothario, Louther, Lutero.*

LOUIS (Germano) Guerrero. *Aloysius, Lew, Lewes, Lewis, Lodewick, Lodovico, Lou, Louie, Lucho, Ludovic, Ludovicus, Ludvig, Ludvik, Ludwig, Luigi, Luis.*

LUCAS (Griego) Luminoso. *Luckas, Luccas, Lucaus, Lucais, Luca, Luc, Lucano, Loucas, Loukas, Lukas.*

LUCIANO/LUCIO (Latín) Portador de luz; Luminoso; Nacido de día; De gran aplomo o lucidez. *Lucino, Lucianus, Lucien, Lucjan, Lukianos, Lukyan.*

LUCRECIO (Latín) Crepúsculo de aurora.

LUDOVICO (Germano) Amigo de la gente; Ilustre guerrero.

LUIS (Germano) El guerrero famoso; Defensor del pueblo. *Aloysius, Lew, Lewes, Lewis, Lodewick, Lodovico, Lou, Louie, Louies, Louise, Lucho, Lude, Ludek, Ludis, Ludko, Ludovic, Ludovicus, Ludvig, Ludvik, Ludwig, Lui, Luiggi, Luigi, Luise, Luiz, Luki, Lutek.*

LUKE (Inglés) Portador de la caridad. *Loukas, Luc, Lucas, Lucian, Lucien, Lucio, Lucius, Luck, Lucky, Lukacs, Lukas.*

LUTERO (Germano) Guerrero famoso. *Lotario.*

LYSANDRO (Griego) El libertador. *Sandro, Lizandro, Lisandro.*

MACARIO (Griego) Ganador; De buena suerte; Dichoso; El bienaventurado. *Macaire, Macarios, Macarius, Maccario, Maccarios, Mackario, Mackarios, Makar, Makari, Makario, Makary, Makkarios.*

MACEDONIO (Griego) Originario de Macedonia; El que triunfa y se engrandece.

MACIEL (Latín) Delgadito; Esquelético; Muy flaco.

MADISON (Inglés) N.U. El hijo de Maud; Bueno. *Madsen, Madisson, Madisen, Maddy, Maddison, Madyson.*

MALAQUIAS (Hebreo) Mi ángel; El mensajero de Dios. *Malachie, Malachy, Malaki, Malakia, Malakie, Malechy, Maleki, Malequi.*

MALCOLM (Latín) Paloma. *Malkom, Malcohm, Malcam, Mal.*

MANFREDO (Germano) Que tiene poder para salvaguardar la paz; Amigo o protector de hombres; De gran arrojo y valor. *Manfrid, Manfried, Mannfred, Mannfryd.*

MANRIQUE (Germánico) Hombre poderoso.

MANUEL (Hebreo) Con nosotros está Dios. *Mannie, Manny, Mano, Manolito, Manolo, Manuelo, Manu.*

MARC/MARK (Latín) Dios de la guerra. *Marco, Marcos, Marcus, Marek, Mario, Marius, Markey, Marko, Marko, Markos, Markov, Markus, Marq, Marque, Marques, Marquus.*

MARCELINO (Latín) Martillo pequeño. *Marcellino, Marceleno, Marcelen, Marcel.*

MARCEL/MARCELO (Latín) Unión de mar y cielo; El que trabaja con el martillo; Guerrero. *Marceau, Marcelin,*

Marcellin, Marcellino, Marcell,
Marcello, Marcellus, Marcely,
Marciano.

MARCIAL (Latín) Hombre de guerra.

MARCIANO (Latín) De Marte.

MARCO/MARCOS (Latín) Guerrero o dios de la guerra; En historia, Marco Polo fue un explorador veneciano del siglo XII quien anduvo por Asia. *Marc, Marcas, Marcko, Marckos, Marcus, Marek, Mario, Marius, Markey, Marko, Markos, Markov, Markus, Marq, Marque, Marques, Marquus.*

MARIANO (Latín) Consagrado o perteneciente a la Virgen María. *Marianos, Marianus, Marimo.*

MARIO (Latín) El varonil; Hombre de mar; Marinero. *Marrio, Marios, Marianus, Marius, Meirion.*

MARSHALL (Francés viejo) El que se hace cargo de los caballos. *Marchall, Marischal, Marischall, Marschal, Marsh, Marshal, Marshell.*

MARTÍN (Latín) Hombre genial; Perteneciente a Marte; Hombre de guerra. *Marti, Marton, Marto, Marinos, Mart, Martel, Martell, Marten, Martenn, Martie, Martijn, Martinien, Martino, Martinos, Martinus, Marty, Martyn.*

MARVIN (Celta) Amigo del mar. *Mervin, Marvon, Marven, Marv, Marve, Marvyn, Marwin, Marwynn, Mervyn, Merwin, Merwyn, Murvin Murvynn.*

MASON (Francés) El muy trabajador. *Sonny, Masun, Maison.*

MATEO (Japonés) Regalo o don de Dios; En la Biblia fue un evangelista del Nuevo Testamento. *Matheo, Matteo.*

MATIAS (Hebreo) Regalo de Dios; Que sólo se entrega a Dios.

MATTHEW (Hebreo) Regalo del Señor. *Madteo, Madteos, Madtheos, Mat, Mata, Mateo, Mateus, Mateusz, Mathé, Matheu, Mathew, Mathian, Mathias, Mathieu, Matias, Matico, Mats, Matt, Mattaeus, Mattaus, Matteo, Matthaus, Mattheus, Matthias, Matthieu, Matthiew, Mattias, Mattie, Mattieu, Matty, Matvey, Matyas, Matz.*

MAURICIO (Latín) El de tez morena. *Mauli, Maur, Maurell, Maureo, Maurids, Maurie, Maurin, Maurino, Maurio, Maurise, Mauritius, Maurits, Mauritz, Maurizio, Mauro, Maurus, Maury, Maurycy, Morey, Morice, Moricz, Morino, Moris, Moritz, Moriz, Morrel, Morrey, Morrice, Morrill, Morris, Morriss, Moss.*

MAURO (Latín) Tez morena; Moro (nativo de Mauritania Africa). *Mauricio.*

MAX (Latín) De lo mas grande. Dim. de Maximiliano, Maximo, Maxwell, o Maxime. *Maks, Maxence, Maxson, Maxx.*

MAXIMILIANO (Latín) El varón más importante; El más grande. Contracción de Máximo y Emiliano. *Maxon, Maxi, Mac, Mack, Maks, Maksim, Maksym, Maksymilian, Massimiliano, Massimo, Max, Maxey, Maxemilian, Maxemilion, Maxie, Maxim, Maxime, Maximilian, Maximilianus, Maximilien, Maximillian, Maximino, Maximo, Maximos, Maxy, Maxymilian, Maxymillian.*

MAXIMINO (Latín) El más grande. *Maksimo, Maxim.*

MÁXIMO (Latín) El más grande; El más poderoso. *Maximiano.*

MAXWELL (Inglés) Como la primavera. *Maxwelle.*

MELQUIADES (Hebreo) Rey por la gracia de Dios o rey de justicia.

MELVIN (Griego) El que trabaja en el molino; El jefe armonioso. *Malvin, Malvyn, Malvynn, Mel, Melvon, Melvyn, Melwin, Melwyn, Melwynn, Vinnie, Mel, Malvin, Melvon, Melvino.*

MERVIN (Galés viejo) Amigo viejo de mar o la colina del mar. *Merven, Mervyn, Mervynn, Merwin, Merwinn, Merwyn, Murvin, Murvyn.*

MICHAEL (Hebreo) Quién es como Dios. *Makai, Micael, Mical, Micha, Michaelangelo, Michail, Michal, Micheal, Michel, Michelangelo, Michele, Michell, Michiel, Mickey, Micky, Miguel, Mihail, Mihaly, Mikael, Mike, Mikel, Mikell, Mikey, Mikhail, Mikhalis, Mikhos, Mikkel, Miko, Mikol, Miky, Miquel, Mischa, Misha, Mitch, Mitchell, Mychael, Mychal, Mykal, Mykel, Mykell.*

MIGUEL (Hebreo) Dios es incomparable; El más noble de los ángeles; ¿Quién es como Dios? *Michell, Michael, Mikel, Migelly.*

MILTON (Inglés) Nació en el pueblo del molino. *Milt, Miltie, Millton, Milten, Miltin, Mylton.*

MOCTEZUMA (Azteca) Sabio admirado; Que frunce el ceño.

MOISES (Hebreo) El niño que fue salvado de las aguas. *Mioshe, Mioshye, Mo, Moe, Moicés, Moise, Moises, Moisey, Moisis, Mose, Mosés, Moshe, Mosheh, Mosiah, Mosie, Moss, Moyses, Mozes.*

MONET (Francés) N.U. Claude Monet fue un pintor de la época del Renacimiento, recordado por su cuadro de lilas acuáticas.

MONTGOMERY (Inglés) El hombre rico de la montaña. *Monte, Montie, Montgomerie, Monty.*

MORFEO (Griego) El que hace ver hermosas figuras; Hijo de hipno (sueño);

Ilusionista de cosas placenteras; Dios del sueño.

MORGAN (Celta) Guerrero del mar. *Morrgan, Morgon, Morgin, Morghan, Morgen, Morgun.*

MORRIS (Latín) De piel oscura; El hijo de la oscuridad. *Moris, Moriss, Moriz, Mo, Moe, Morey, Morice, Morrey, Morrie, Morrison, Morrisson, Morry, Morse, Moss.*

MURPHY (Irlandés) El gran guerrero del mar. *Murfy, Murffy, Murfee, Murfey, Murfie, Murphee, Murphey, Murphie.*

MURRAY (Escocés) El marinero. *Murry, Murrey, Moray.*

MUSUI (Totonaca) Manantial.

NAFTALI (Hebreo) N.U. Quien tiene cólera. *Naftalie, Naftallie, Naphtali, Naphthali, Neftali, Nefthali, Nephtali, Nephthali.*

NAHUM (Hebreo) Dios consuela.

NAMER/NAMIR (Hebreo) El leopardo. *Namer, Nammer.*

NANDO (Latín) Bravo en la paz; Guerrero audaz; Atrevido con las mujeres hermosas.

NAPOLEÓN (Griego) El que viene de la nueva ciudad (Nápoles); Otro significado es "el león del valle". *León, Leone, Nap, Napoleone.*

NARCISO (Griego) El que está durmiendo; Apuesto; Personaje mitológico enamorado de su propia belleza. *Narcisse, Narkis, Narcisso, Narcissus, Narkissos, Narses.*

NATALIO (Latín) Nacido para Navidad; Recién nacido.

NATAN/NATHAN (Hebreo) Dios divino; Regalo de Dios. *Naten, Nat, Nate, Nathen, Nathon.*

NATANIEL/NATHANIEL (Hebreo)
Regalo de Dios; Don de Dios. *Nat,
Natanael, Nate, Nathan, Nathanael,
Nathaneal, Nathanial, Nathanyal,
Nathanyel, Nathel, Nathenal, Nathinel,
Natty, Nethanel, Nethaniel, Nethanyel,
Thaniel.*

NAÚM (Hebreo) Confortador.

NAZARIO (Hebreo) De Nazaret;
Coronado; Consagrado; Dedicado a
Dios. *Nasareo, Nasarrio, Nazarius,
Nazaro, Nazor.*

NEAL (Inglés) Campeón. *Neale, Neall,
Nealle, Neel.*

NEFTALÍ (Hebreo) N.U. Al que Dios
ayuda en la lucha; Este nombre debe ir
acompañado por otro que indique sexo.

NEIL (Celta) Campeón. *Neal, Neale,
Neall, Nealle, Nealon, Neel, Neilan,
Neile, Neill, Neille, Neils, Nels, Nial,
Niall, Niel, Nile, Niles, Oneal.*

NELSON (Inglés) Buen monarca u
hombre grande; Hijo de Neil (campeón).
*Nealson, Neillson, Neils, Neilson, Nels,
Nelsen, Niles, Nils, Nilson, Nilsson.*

NEMESIO (Griego) El que hace justicia
distribuyendo los bienes. *Nemis,
Nemiss.*

NÉSTOR (Griego) Al que se recuerda
con cariño; El sabio. *Nester, Nest,
Nesterio, Nestore, Nestorio.*

NETZAHUALCOYOTL (Azteca)
Coyote hambriento. *Netza.*

NICANDRO (Griego) Vencedor de los
hombres. *Nicandreo, Nicandrios,
Nicandros, Nikander, Nikandreo,
Nikandrios.*

NICANOR (Latín) El conquistador
victorioso; Dirigente famoso de su
pueblo.

NICASIO (Griego) Relativo a la
victoria; Victorioso; El vencedor.

NICODEMO (Griego) El triunfante;
Victorioso de su pueblo.

NICOLAS/NICHOLAS (Griego) El
conquistador; Victorioso en el pueblo;
En religión fue el santo patrono de los
niños. *Claas, Claes, Claus, Colas, Cole,
Colet, Colin, Collin, Klaas, Klaes, Klaus,
Nic, Nicanor, Niccolo, Nichol, Nicholai,
Nicholaus, Nichole, Nicholl, Nichols,
Nick, Nickey, Nickie, Nicklas, Nickolas,
Nickolaus, Nicky, Nico, Nicol, Nicola,
Nicolaas, Nicolae, Nicolai, Nicolao,
Nicolas, Nicolaus, Nicolay, Nicolet,
Nicoli, Nicolis, Nicoll, Nicollet, Nicolls,
Nicolo, Nik, Niki, Nikita, Nikki, Nikkolas,
Nikkolay, Nikky, Niklaas, Niklas, Niklos,
Nikolai, Nikolas, Nikolaus, Nikolay,
Nikolos, Nikos, Nilos.*

NICK (Inglés) Forma corta de el nombre
Nicholas se refiere a Nike (NYK-kee), la
diosa griega de la victoria; Nikki y Nikko
son también los apellidos japoneses con
los significados potenciales de "dos
árboles" y la "luz del día". *Nicco, Nico,
Nickson, Nicky, Nikki, Nikko, Niko,
Nikos, Nixon, Nykko.*

NOÉ/NOAH (Hebreo) Descanzo; Paz;
En la Biblia fue el patriarca que
construyó un arca para sobrevivir el gran
diluvio. *Noa, Noi, Noel, Noak, Noach,
Norrie, Nowell, Nowel, Noli, Noell.*

NOLAN (Germánico) El famoso. *Nolyn,
Nolin, Nolen, Nolane, Nolande, Noland,
Nollan.*

NORBERTO (Germano) Resplandor
que viene del Norte; Espléndido;
Brillante. *Berto, Norby, Norbie, Bert,
Bertie, Berty.*

NORMAN (Inglés) El hombre que viene
del Norte; Originario de Normandía.
*Normando, Normy, Normie, Normen,
Normand, Norm.*

NORRIS (Francés) Del Norte. *Norry, Noris, Norie.*

OBDULIO (Latín) El que suaviza las penas.

OBERON (Alemán) Noble; Barbudo. *Oeberon, Oberron.*

OBERTO (Alemán) El adinerado; Brillante.

OCTAVIO (Latín) El octavo hijo de la familia. *Ottavio, Octavo, Octavis, Octavien, Octaviano, Octavian, Octave, Octavius, Octovien, Octavious, Octavus.*

ODILO (Alemán viejo) Afortunado o próspero en la batalla; El santo Odilo fue un monje y el abad del siglo XI del monasterio influyente en Cluny quien instituyó la observación al día de "Todas las Almas" el 2 de Noviembre. *Odile, Odilio, Odilon, Otildo, Ottild, Ottildo.*

ODILÓN (Germano) Dueño de cuantiosa herencia.

ODISEO (Griego) Flemático; Héroe.

OLAF (Escandinavo) El ancestro; En historia fue un rey y santo patrón de Noruega. *Oluf, Olof, Olef, Ole, Olav, Olafur, Olaff, Olave, Olin, Olle, Olov.*

OLEGARIO (Germánico) El que domina con su fuerza y con su lanza; La heredad; El que recibe el legado.

OLINDO (Germánico) El protector de la riqueza.

OLIVER (Latín) Que trae paz; Portador de una rama de olivo; Ejército de elfos. *Noll, Oliverio, Olivero, Olivier, Oliviero, Olivio, Olivor, Olley, Ollie, Olliver Ollivor, Olvan.*

OMAR (Árabe) El más alto; El que sigue al profeta. *Omaro, Omero, Omarion, Omai, Umar, Omair, Omarr, Omer.*

ORFEO (Griego) Que tiene buena voz; Canto armonioso.

ORIÓN (Griego) El guardián; Gigante cazador; Portador de las aguas.

ORLANDO (Germánico) Hombre que viene del país glorioso. *Arlando, Land, Lando, Lanny, Olando, Olo, Orlan, Orland, Orlandas, Orlin, Orlondo, Roland, Rolando.*

ORSON (Latín) El que se parece a un oso. *Urson, Sonny, Son, Orsino, Orsini, Orsen, Orscino, Orsin, Orsis, Orsonio.*

OSBERTO (Inglés) El divino y brillante.

OSCAR (Germano) Lanza de los dioses; Dardo de los ases o dioses. *Oskar, Osker, Ossie, Ozzy.*

OSÍAS (Hebreo) El Señor me sostiene; Salvación divina; Dios es mi alma. *Ozias, Ossias.*

OSMÁN (Árabe) Dócil y pequeño como un pichón. *Osment, Osmin, Osmond, Osmonde, Osmont, Osmund, Osmunde.*

OSMAR (Inglés) El divino y maravilloso.

OSMARO (Germánico) El que brilla como la gloria de Dios.

OSMOND (Inglés) El divino protector. *Osmundo, Osmund, Osmont, Osmonde, Osmand.*

OSVALDO (Germano) Regidor divino; Gobierna con el poder de Dios. *Oswald, Osbaldo, Osbalto, Oswaldo, Ossie, Osvald, Oswell, Oswin, Ozzie, Ozzy, Waldo.*

OTELO (Germánico) Señorío y riqueza. *Otello, Othelo, Otto.*

OTHON (Germano) Montaña.

OTILIO (Latín) Inquieto; Vacilante.

OTLI (Tolteca) El camino.

OTTO (Germano) Dueño poderoso de sus bienes; Montaña. *Otton, Otonn, Odis, Odo, Ot, Ota, Otha, Othello, Otho, Ottis, Ottone, Otys.*

OVIDIO (Latín) Pastor de ovejas.

OWEN (Galés) Joven guerrero. *Ewan, Ewen, Owain, Owin, Owynn.*

OZIEL (Hebreo) Tiene fuerza divina.

PABLO (Latín) El de pequeña estatura; En la Biblia, Saúl después llamado Pablo fue el primero en proclamar las enseñanzas de Jesús. *Paublo, Pable, Havel, Paavo, Pal, Paolo, Pasha, Pauel, Pauli, Paulie, Paulin, Paulino, Paulinus, Paulo, Paulos, Paulsen, Paulson, Paulus, Pauly, Pavel, Pavle, Pavlik, Pavlo, Pawel, Pol, Poll, Poul.*

PALMER (Inglés) La palmera. *Pallmer, Palmar, Palmerston.*

PANCRACIO (Griego) Poderoso; Fuerte o que todo lo puede.

PÁNFILO (Griego) Amigo de todos; Querido por todos.

PANTALEON (Griego) Parecido a un león; Todo misericordioso; El que domina todo.

PAOLO (Griego) Pequeño; Digno de toda alabanza. *Pablo.*

PARK (Chino) El ciprés. *Parks, Parkey, Parkes, Parke.*

PARKER (Inglés) El que cuida el parque. *Parke, Parkes, Parkman, Parks.*

PASCUAL (Latín) Nacido en las fiestas pascuales.

PATRICIO (Latín) De noble estirpe; El que en todo destaca; En religión es el santo patrón de Irlanda. *Patrick, Patrizio.*

PATRICK (Latín) Hombre noble. *Packey, Paddey, Paddie, Paddy, Padhraig, Padraig, Padraic, Padric, Pat, Patrece, Patric, Patrice, Patricia, Patricio, Patrik, Patrizio, Patrizius, Patryk, Pats, Patsy, Patten, Patton, Patty, Pink.*

PAUL/PAULO (Latín) El pequeño; De baja estatura. *Pavlos, Pauls, Paulis, Pasko, Pall, Paulino, Havel, Paavo, Pablo, Pal, Paolo, Pasha, Pauel, Pauli, Paulie, Paulin, Paulinus, Paulos, Paulsen, Paulson, Paulus, Pauly, Pavel, Pavle, Pavlik, Pavlo, Pawel, Pol, Poll, Poul.*

PAXTON (Latín) Pueblo pacífico. *Paxtin, Packston, Paxon, Paxten, Paxtun.*

PEDRO (Griego) Piedra pequeña; En la Biblia fue el líder de los doce apóstoles de Jesús. *Petronio, Pedrin, Pedrio, Pepe, Petrolino, Piero, Pietro.*

PEREGRINO (Latín) El que viaja; Extraño en tierras lejanas. *Perry, Peregrin.*

PERICLES (Griego) El muy glorioso; Famoso e inteligente.

PERSEO (Griego) El destructor o devastador.

PETER (Griego) Piedra pequeña. *Boutros, Par, Peder, Pedro, Pekka, Per, Petar, Pete, Peterke, Peterson, Petr, Petre, Petros, Petrov, Petter, Pierce, Piero, Pierre, Piet, Pieter, Pietro, Piotr, Piter, Piti, Pyotr.*

PETRONILO (Etrusco) Inconforme con todo.

PHILEMON (Griego) Beso. *Philmon, Filemon.*

PIERO (Italiano) Piedra.

PIERCE (Inglés) Variante de Piers y Pedro significando roca. *Pearce, Pears, Pearson, Pearsson, Peerce, Peirce, Piers, Pierson, Piersson.*

PIERRE (Francés) Roca. *Pedro, Peer, Per, Piers, Piero.*

PLATÓN (Griego) De espaldas anchas.

PLUTARCO (Griego) Dictatorial; Impositivo; El príncipe rico.

POLICARPO (Griego) El que da muchos frutos.

POLIDORO (Griego) De virtudes.

POLIFEMO (Griego) De quien se habla mucho.

PONCIANO (Latín) Disciplinado.

PONCIO (Latín) Que viene del mar; Amable.

PORFIRIO (Griego) Poco amistoso; Piedra púrpura. *Porphirio, Porphirios, Prophyrios.*

PORTER (Latín) Guardián de las rejas.

PRIMITIVO (Latín) En primer lugar.

PRIMO (Latín) El primogénito. *Premo.*

PRISCILO (Latín) El que refleja otro tiempo. *Priscilliano.*

PROCOPIO (Griego) El que progresa.

PROMETEO (Griego) Que se iguala a los dioses.

QUENTIN (Inglés) N.U. El pueblo del rey; Quinto. *Quintin, Quenton, Quenten, Quent, Quantin, Quint, Quinten, Quinton, Quintus.*

QUETZALKEN (Maya) N.U. Quetzal vestido.

QUETZALTZIN (Maya) N.U. Hombre muy atractivo.

QUETZALZIKIATL (Maya) N.U. Respetable quetzal.

QUINCY (Francés) Estado del quinto hijo. *Quinzy, Quinnsy, Quinncy, Quinn, Quinci, Quincey, Quintana, Quin, Quinsy, Quincia.*

QUINLAN (Irlandés) En buena forma física; Atlético. *Quinnian, Quinn, Quinlin, Quinlen, Quindlen.*

QUINN (Celta) Sabio.

QUINTON (Inglés viejo) El trato o arreglo de la reina. *Quinntan, Quinnten, Quinntin, Quinnton, Quintain, Quintan, Quintyn, Quintynn.*

QUIRINO (Latín) Lanzero.

RAFAEL/RAPHAEL (Hebreo) Dios ha sanado; El que conoce la medicina divina. *Rafaello, Falito, Rafal, Rafaelle, Rafaelo, Rafe, Rafel, Rafello, Raffael, Raffaello, Raphaello, Raphello, Ravel.*

RAIMUNDO/RAYMUNDO (Germano) Protección del consejo divino; Consejero o protector silencioso. *Mundo, Raemond, Raemondo, Raimon, Raimond, Raimondo, Raimund, Rajmund, Ramón, Ramond, Ramonde, Ramone, Ray, Rayment, Raymond, Raymondo, Raymund, Raymunde, Reymond, Reymundo.*

RALPH (Germano) Lobo consejero. *Rolf, Raul, Ralston, Ralf, Rafe, Raff, Raoul, Rolph.*

RAMIRO (Germano) Consejero glorioso; Guerrero temerario; Poderoso en la guerra. *Ramos, Rami, Ramero, Rameriz, Rameir, Ramario.*

RAMÓN (Griego) Protector sensato; Viajero. *Ramone, Rayman, Raymon.*

RANDALL (Inglés) Lobo. *Randyll, Randy, Randell, Randal, Rand, Randale, Randel, Randey, Randie, Randl, Randle, Randon, Rendall, Rendell.*

RANDY (Germano) Lobo defensor. *Randey, Randi, Randie.*

RAÚL (Germánico) El consejo del guerrero; Atrevido en la guerra. *Raoul, Roul, Rowl.*

RAY (Francés) Real; Rey. *Raye, Rae, Rai, Rayce, Rayder, Raydon, Rayford, Raylen, Raynell, Reigh.*

RAYMOND (Inglés) El sabio protector; Poderoso. *Raemond, Raemondo, Raimon, Raimond, Raimondo, Raimund, Raimundo, Rajmund, Ramon, Ramond, Ramonde, Ramone, Ray, Raymand, Rayment, Raymon, Raymondo, Raymund, Raymunde, Raymundo, Reymond, Reymundo.*

REGINALDO (Germánico) Que posee poder divino; El que aconseja al que tiene el poder. *Naldo, Raghnall, Rainault, Rainhold, Raonull, Raynald, Rayniero, Red, Reg, Reggie, Regginaldo, Regin, Reginal, Reginalt, Reginauld, Reginault, Regino, Reginvald, Reginvalt, Regnauld, Regnault, Reinald, Reinaldo, Reinaldos, Reinhold, Reinold, Reinwald, Renaud, Renault, Rene, Reynaldo, Reynaldos, Reynold, Reynolds.*

REINALDO (Germano) Valiente consejero; El que gobierna; El que tiene el don divino; Juez poderoso. *Reginaldo, Reynaldo, Rey.*

REMIGIO (Latín) El que maneja las alas o remos; Experto en remos; El que rema bien.

REMO (Griego) Fuerte; En mitología, Rómulo y Remo fundaron Roma.

REMY (Francés) Proveniente de Rheims; El Champagne y el brandy son los pricipales productos de Rheims, una ciudad en Francia central. *Remee, Remi, Remie, Remmey, Remmy, Remo.*

RENAN (Francés) Renacido.

RENATO (Latín) El que renace a la gracia divina; Renacer.

RENÉ (Francés) N.U. Vuelto a nacer. Este nombre debe ir acompañado por otro que indique sexo. *Renee, Renny, Renay, Renault, Renat, Renato, Renatus, Renne.*

REYNARD (Viejo Alemán y Francés) Fuerte decisión; Zorro. La palabra francesa para zorro es "renard". *Raynard, Reinhard, Reinhardt, Renard, Renardo, Renaud, Renauld, Rennard, Reynardo.*

REYNOLD/REYNALDO (Germánico) Variante de Reginald del latín "el consejero del gobernante". *Raynaldo, Reginald, Reinaldo, Renado, Renaldo, Renato, Renauld, Renault, Reynald, Reynolds, Rinaldo.*

RICARDO (Germano) Rey fuerte y rico; Poderoso o combatiente audaz; El rey que tiene fortaleza; Guerrero temerario. *Dick, Dickie, Dicky, Racardo, Raechard, Ric, Ricaldo, Ricard, Ricardos, Riccardo, Rich, Richard, Richardo, Richart, Richerd, Richie, Rick, Rickard, Rickert, Rickey, Ricki, Rickie, Ricky, Rico, Rikard, Riki, Rikki, Riocard, Ritchard, Ritcherd, Ritchie, Ritchy, Ritchyrd, Ritshard, Ritsherd, Ryszard.*

RICK (Inglés) Forma corta de Richard y Frederick. *Ric, Ricci, Ricco, Richie, Rickey, Rickie, Ricky, Rico, Rik, Rikk, Rikke, Rikki, Rikky, Rique.*

RIGOBERTO (Germano) Brillante por su riqueza; Poseedor de tesoros. *Rigobert.*

ROBERT/ROBERTO (Germano) Fama brillante; Famoso e inteligente. *Bert, Bertie, Bob, Bobbie, Bobby, Rab, Rabbie,*

*Riobard, Rip, Rob, Roban, Robb,
Robben, Robbie, Robbin, Robbins,
Robbinson, Robby, Robers, Roberts,
Robertson, Robi, Robin, Robinson,
Robson, Robyn, Robynson, Ruberto,
Rupert, Ruperto, Ruprecht.*

ROBINSON (Inglés) El hijo de Robin.
Robbinson, Robeson, Robynson, Robson.

ROBUSTIANO (Latín) Fuerte como la
madera del roble.

RODOLFO (Germano) El guerrero que
busca gloria; Guerrero arrojado. *Dolph,
Raoul, Rodolph, Rodolphe, Rolf, Rolfe,
Rollo, Rolph, Rolphe, Rudey, Rudi,
Rudie, Rudolf, Rudolfo, Rudolpho,
Rudolphus, Rudy.*

RODRIGO (Germano) Famoso por su
gloria o poder; Rico en fama; Gran
gobernante. *Broderick, Brodrick,
Brodryck, Rhoderick, Rhodric, Rod,
Rodd, Rodderick, Roddie, Roddric,
Roddrick, Roddy, Roderic, Roderich,
Roderigo, Roderik, Roderyck, Rodric,
Rodrick, Rodrik, Rodrigue, Rodrigues,
Rodriguez, Rodrique, Rodriquez,
Rodryck, Rodryk, Roric, Rorick, Rory,
Rurek, Rurik, Ruy.*

ROGELIO (Germano) Luchador
famoso; El de la lanza gloriosa. *Rojelio.*

ROGER (Germano) Lanza gloriosa.
*Rog, Rodger, Dodge, Hodge, Rodge,
Rogelio, Rogerio, Rogers, Rogiero,
Rojay, Rufiger, Ruggero, Ruggiero,
Rutger, Ruttger.*

ROLANDO (Germano) El que es gloria
de su tierra; Tierra gloriosa. *Roland,
Rollin, Rolland, Orlando, Lannie, Lanny,
Roeland, Roldan, Roley, Rollan, Rollie,
Rollins, Rollo, Rolly, Rowe, Rowland.*

ROLDAN (Germano) Ungido por Dios
para la fama y el poder. *Rollan, Roydan.*

ROMAN (Latín) De Rumania; Que
nació en Roma. *Romano, Romy,*

*Romann, Romain, Romario, Romaine,
Romanes, Romanos.*

ROMEO (Latín) Peregrino de Roma; En
literatura fue el personaje principal en la
novela de Shakespeare: "Romeo y
Julieta".

ROMERO (Latín) Peregrino que camina
hacia Roma.

ROMUALDO (Germano) Lancero
famoso; El rey glorioso; Poeta eminente;
Que gobierna con gloria.

RÓMULO (Griego) El que tiene una
gran fuerza; El hombre vigoroso;
Perteneciente a Roma.

RONALD/RONALDO (Germano)
Inteligente con poder divino; Gobernante
glorioso. *Ranald, Renaldo, Ron, Ronal,
Rondale, Roneld, Ronell, Ronello, Ronn,
Ronnie, Ronny.*

RONNIE (Escandinavo) Imagen real.

ROQUE (Latín) Fuerte como una roca;
El elevado.

ROSENDO (Germano) Que defiende la
gloria; El excelente señor; Camino de la
fama.

ROY (Francés) Rey. *Roi, Royer, Ruy.*

RUBÉN (Hebreo) Dios me ha dado un
hijo; ¡He aquí un hijo!; Brillante.
Reuben, Rube, Rubi, Rubin, Rubino.

RUDY (Germano) El guerrero glorioso.
Rudee, Rudelle, Rudi.

RUFINO (Latín) Pelirrojo; Rojo. *Rufo,
Ruffino, Rufinno.*

RUPERTO (Germano) De fama
brillante; El que resplandece con sus
consejos. *Ruprecht.*

RYAN (Celta) Rey pequeño. *Ruyan,
Rian, Rien, Rion, Ryen, Ryon, Ryun.*

SABINO (Latín) El que vino de Sabina (pueblo del interior de Italia).

SALOMON (Hebreo) El príncipe pacífico y juicioso; Hombre que ama la paz; En la Biblia fue el rey de Israel famoso por su sabiduría. *Soloman, Salomo, Salamón, Solomón, Salmon, Salomone, Shalmon, Sol, Solaman, Sollie.*

SALVADOR (Latín) El que redimió a los hombres; El que vino a salvar; El nombre de Jesús. *Sal, Salvadore, Salvator, Salvatore, Salvidor, Salvino, Sauveur, Xavier, Xaviero, Zavier, Zaviero.*

SAMUEL (Hebreo) El que fue pedido a Dios; Oído por Dios. *Sam, Samael, Samiel, Sammel, Sammie, Sammy, Samuele, Samuello, Samuil, Samuko, Samvel, Samwell, Saumel, Shem, Simuel, Zamuel.*

SANCHO (Latín) Santo y consagrado a Dios. *Sanche, Sanctio, Sancos, Sanzio, Sauncho.*

SANDRO (Griego) Es el protector y defensor de los hombres.

SANSÓN (Hebreo) Pequeño sol; Hijo del sol. *Sampson, Samsom.*

SANTANA (Español) N.U. Santo; Puro. *Shantana, Santena.*

SANTIAGO (Hebreo) El que sustituye; Listo para el combate. *Sandiago, Sandiego, Santeago, Santiaco, Tiago.*

SANTOS (Latín) Sagrado e íntegro; Libre de culpa; Evocación a la fiesta de Todos los Santos. *Santee, Santino, Santo.*

SATURNINO (Latín) Fecundo; Triste; Perteneciente a Saturno.

SAÚL (Hebreo) Deseado o el llamado por Dios. *Saulo, Shaul, Sol, Sollie.*

SCOTT (Japonés) Originario de Escocia. *Scot, Scottie, Scotto, Scotty.*

SEAN (Hebreo) Dios es gracia. *Ahon, Sean-Carlo, Sean-Mark, Seann, Sean-Patrick, Shane, Shaughn, Shaun, Shawn.*

SEBASTIAN (Griego) Venerable; Majestuoso; Honorado; Respetado. *Bastian, Bastien, Sabastian, Seb, Sebastiano, Sebastien, Sebastin, Sebestyen, Sebo.*

SEFERINO (Español y Griego) Viento del Oeste. *Cefirino, Sebarino, Sephirio, Zefarin, Zefirino, Zephir, Zephyr.*

SEGISMUNDO (Germano) Vencedor; Triunfador; El protector victorioso.

SERAFINO (Hebreo) Encendido de amor por Dios; En la Biblia era el más alto de los ángeles guardiánes del trono de Dios. *Seraphin, Seraphim, Serafim, Saraph, Saraf, Sarafino, Serafin, Seraph, Seraphimus.*

SERAPIO (Latín) Consagrado a Serapis (Divinidad Egipcia).

SERENO (Latín) Sereno; Tranquilo; Hombre claro y puro. *Cereno.*

SERGIO (Griego) Guardián que protege; Insistente y tenaz; Valiente en la lucha. *Seargeoh, Serge, Sergei, Sergeo, Sergey, Sergi, Serginio, Sergios, Sergiu, Sergius, Sergiusz, Serguei, Serijio, Serjio, Serxio, Sirgio, Sirgios.*

SETH (Hebreo) El elegido; El que llega a sustituir. *Set, Seph.*

SEVERIANO (Italiano) Aquel que es severo. *Severin, Severinn.*

SEVERO (Latín) Inflexible; Riguroso; Incorruptible; Austero. *Severin, Severino, Severinus, Sevrin, Seweryn.*

SEYIN (Totonaca) Lluvia; Regalo de los dioses.

SHALOM (Hebreo) Paz. *Sholom, Sholem, Shalomo, Shalum, Solomon.*

SHAWN (Hebreo) N.U. Dios es bondadoso. *Shaun, Shaughn, Shaundre, Shawnel, Shawnell, Shawnn, Shonn.*

SHILOH (Hebreo) N.U. El regalo de Dios; En geografía es un sitio cercano a Jerusalem. *Shylo, Shy, Shiloe, Shilo, Shiley, Shile, Shi, Shyloh.*

SIGFRIDO (Germano) Asegura la paz con su presencia; Conquistador de la paz; El que protege con la victoria. *Sigifredo, Sigefriedo, Sigfred, Sigfrid, Sigfried, Sigfryd, Sigvard, Sygfried.*

SIGMUNDO (Alemán) El protector y victorioso caballero. *Seigmond, Segismond, Siegmund, Sigismond, Sigismondo, Sigismund, Sigismundo, Sigismundus, Sigmond, Szymond, Zikmund, Zsigmond, Zygmunt.*

SILVANO (Latín) De los bosques; Protector de los campos y de los bosques. *Silvino, Silvanos, Silvan, Silvaon, Silvanus, Silvio, Sylas, Sylvan.*

SILVERIO (Latín) El nacido en la selva.

SILVESTRE (Latín) El que vive en la selva; Rústico. *Silvester, Sylvester.*

SILVIO (Latín) De la selva; Amante de los bosques. *Silvino.*

SIMEON (Hebreo) El que ha oído; El que obedece.

SIMÓN (Hebreo) El que me ha escuchado; En el Antiguo Testamento fue el segundo hijo de Jacob, en el Nuevo Testamento fue uno de los doce apóstoles. *Saimon, Samien, Semon, Shimon, Si, Sim, Simao, Simen, Simeón, Simion, Simm, Simmon, Simmonds, Simmons, Simms, Simoas, Simone, Simonson, Simpson, Symms, Symon, Syms, Szymon.*

SIMPLICIO (Latín) Simple; Bueno; Sencillo.

SINFOROSO (Griego) Infortunado; El que está lleno de desdichas.

SIÓN (Hebreo) N.U. La alta montaña. *Zión.*

SÓCRATES (Griego) El sano y vigoroso; El que posee autoridad; En historia fue un famoso filósofo griego. *Sokrates, Socratis.*

SÓFOCLES (Griego) Sabio glorioso; El que tiene fama por su sabiduría.

SOLANO (Latín) Es como el viento del este.

SOTERO (Griego) Protegido por Dios.

SPIRIDON (Griego) Canasta; Nombre de un pastor de ovejas del siglo IV quien se convirtió en obispo y un santo griego. *Speero, Spero, Spiridion, Spiro, Spiros, Spyridon, Spyros.*

STANISLAUS (Eslavo) Patrono de Polonia. El santo Stanislaus, fue un obispo y mártir del siglo XI. *Stana, Stanek, Stanicek, Stanislas, Stanislav, Stanislaw, Stannes, Stanousek, Stasio.*

STEFANO (Griego) El coronado por la victoria. *Stephano, Stephan, Stefan, Estefan, Staffan, Stefanos, Steffan, Steffen, Steffon, Stefonn, Stephonn.*

STEPHEN (Griego) El coronado. *Esteban, Estefan, Estevan, Etienne, Staffan, Steba, Steben, Stefan, Stefano, Steffan, Steffen, Steffon, Stefon, Stephan, Stephano, Stephanos, Stephanus, Stephens, Stephenson, Stephon, Stevan, Steve, Steven, Stevenson, Stevie, Stevy.*

STEWART (Inglés) Guardián del estado. *Steward, Stuart.*

STUART (Inglés) Aquel que trata con cariño. *Stewart.*

SULTÁN (Árabe) Amo absoluto.

SVEN (Escandinavo) El joven. *Swen, Svenn, Svend, Svein, Sveinn, Swain, Swensen, Swenson.*

TACIO/TACITO (Latín) El que calla. *Taciano.*

TADEO (Sirio) El que alaba; Hombre que posee gran valor; En la Biblia es uno de los doce apóstoles. *Tadio, Tadez, Thadeo, Taddeo, Tadzio.*

TALBOT (Francés) El que se dedica a hacer botas. *Tallbott, Tallbot, Talbott.*

TARSICIO (Latín) El audaz; De Tarso lugar donde nació San Pedro.

TAYLOR (Inglés) N.U. Sastre. *Teylor, Taylr, Taylour, Tayllor, Tayler, Tailor, Tailer, Zailor, Zaylor, Zaylour.*

TED (Inglés) Regalo de Dios o rico protector. Tedrick es una variante del viejo nombre alemán Theodoric que significa "poder de la tribu". *Tedd, Teddey, Teddie, Teddy, Tedric, Tedrick.*

TEÓCRITO (Griego) El elegido por Dios. *Theócrito.*

TEODOMIRO (Germano) Es célebre en su pueblo. *Theodomiro, Theodomire.*

TEODORICO (Germano) Regla del pueblo; El jefe del pueblo; El que gobierna bien a su pueblo.

TEODORO (Griego) Presencia de Dios; Don de Dios; El regalo de Dios. *Fedor, Feodor, Fyodor, Teador, Ted, Teddie, Teddy, Tedor, Teodoor, Teodor, Theo, Theodon, Theodor, Theodoro, Theodorus, Theodosios, Theodosius, Todor, Tolek, Tudor.*

TEÓFANES (Griego) El que manifesta a Dios. *Teófano.*

TEOFILO (Griego) Que ama a Dios; Amigo de Dios.

TERRY (Griego) Que tiene el poder de la tierra. *Teri, Terie, Terrey, Terri, Terrie.*

THOR (Escandinavo) Relámpago, trueno; En mitología fue el dios del rayo y de la guerra. *Tyrus, Tor, Thorin.*

TIBERIO (Latín) Proveniente del río Tibor. *Tibio, Tiberiu, Tiberias.*

TIBURCIO (Latín) Nacido en Tívoli, cerca de Roma; Lugar santo. *Tibor.*

TILO (Germano) Poseedor de gran habilidad; Que alaba a Dios.

TIMON (Griego) Aquel que es honorable; En historia fue un famoso filósofo griego.

TIMOTEO (Griego) El que honra y alaba a Dios. *Tim, Timka, Timmo, Timmothy, Timmy, Timo, Timofei, Timofeo, Timofey, Timon, Timothé, Timotheo, Timothus, Timothey, Timothy, Tymmothy, Tymon, Tymoteusz, Tymothy.*

TINO (Español) El venerable y majestuoso. *Tion, Tyno.*

TIRSO (Griego) Rama de vid; Coronado con hojas de vid. *Tirzo.*

TITO (Latín) Valiente; Defensor; Seguro y a salvo. *Titos, Titus.*

TOBI/TOBY (Inglés) Dios es bueno; Aquel que es grande. *Thobey, Thobie, Thoby, Tobe, Tobee, Tobey, Tobie, Tobit, Tovi.*

TOBIAS (Hebreo) Dios es bueno; El Señor es mi bien. *Thobey, Thobie, Thoby, Tobe, Tobee, Toby, Tobey, Tobi, Tobía, Tobiah, Tobyn, Tobiath, Tobie, Tobin, Tobit.*

TODD (Inglés) Zorro. *Toddy, Toddie, Tod.*

TOMÁS (Arameo) El hermano gemelo o el mellizo; En la Biblia fue uno de los doce apóstoles. *Tam, Tamas, Tamhas, Thom, Thoma, Thomas, Thomason, Thompson, Thomson, Tom, Tomasin, Tomaso, Tomasso, Tomasz, Tomaz, Tomcio, Tome, Tomek, Tomelis, Tomey, Tomico, Tomie, Tomik, Tomislaw, Tomkin, Tomlin, Tommaso, Tommey, Tommie, Tommy, Tomson.*

TOMI/TOMMY (Japonés) Rico. *Tomie, Tomy.*

TONATIUH (Azteca) El sol irradia sobre el rostro.

TONY (Griego) Fluorecente. *Tonio, Toni, Toney, Tonek, Tonda, Tonie.*

TORIBIO (Griego) El que fabrica arcos; Conflictivo; Polémico.

TROY (Irlandés) Pie de soldado. *Troyton, Troye, Troi.*

TSASNAI (Totonaca) N.U. Noche clara o noche con luz de luna.

TULIO (Latín) El elevado por Dios; El que levanta el ánimo; Destinado a grandes honores. *Tullio, Tulioh.*

TUPAC (Quechua) El Señor.

TYLER (Inglés) N.U. Aquel que fabrica tejas; Campesino. *Tylor, Tyle, Tyel, Ty, Tiler, Tieler, Tilar, Tylar.*

UBALDO (Germano) Inteligente; Combativo; El de espíritu audaz; El de pensamiento audaz.

ULISES (Latín) Indignado; El que tiene rencor; Hombre airado. *Ulysses, Ulyses, Ulisses, Ulishes.*

ULPIANO/ULPIO (Latín) Astuto como un zorro.

URBANO (Latín) Dios del hogar; De la ciudad; Muy cortés. *Urvano, Urvan, Urbane, Urbaine, Urbain.*

URIEL (Hebreo) Angel de luz.

UXUE (Vasco) N.U. Paloma.

UZIEL (Hebreo) La fuerza de Dios. *Uzziel, Uzziah, Uzie.*

UZOMA (Nigeriano) Aquel que nació durante el día.

VALDEMAR (Germano) Famoso gobernante; Luchador famoso; De espiritu tenaz; Audaz. *Waldemar.*

VALDO (Germano) Sabio gobernante; Gobierna; El monarca.

VALENTE (Latín) Sano; Valiente.

VALENTÍN (Griego) Valiente y fuerte; Amor. *Valentino, Velentino, Valentón, Val, Valencio, Valen, Valentijn, Valentinian, Valentinus, Valentyn, Vallen.*

VALERIO (Latín) Valeroso; Sano y robusto; El que tiene fortaleza. *Valeriano, Valerien, Valerius, Valery, Valeryan.*

VENANCIO (Latín) Aficionado a la caza.

VENTURA (Latín) El que tendrá felicidad; El que augura buena suerte; Afortunado.

VERNON (Latín) Lleno de juventud. *Vernin, Verney, Vernen, Varnan, Vern, Lavern, Vernal, Vernard, Verne, Vernee.*

VICENTE (Latín) Vencedor; Conquistador. *Vicent, Vicenzio, Vicenzo, Vin, Vince, Vincens, Vincent, Vincente, Vincentius, Vincents, Vincenty, Vincenz, Vincenzo, Vincien, Vinicent, Vinnie, Vinny, Vinzen, Visente, Wincenty.*

VICTOR (Latín) Victorioso; Triunfador; Vencedor. *Vic, Vick, Victer, Victoriano, Victorien, Victorin, Victorino, Victorio, Vidor, Viktor, Vitin, Vitor, Vitorio, Vittorio, Vittorios, Vitya, Vottorio.*

VIDAL (Francés) Lleno de alegría; Lleno de vida; Vital. *Videll, Vidall, Vidale.*

VIGILIO (Latín) Despierto.

VINICIO (Latín) El que está naciendo. *Vinicius.*

VIRGILIO (Latín) Que tiene lozanía; Floreciente; En literatura fue un poeta romano reconocido por su obra épica "La Eneida". *Virjilio, Virgial, Vergil, Verge, Vergilio, Virgil.*

VITAL (Latín) Joven y fuerte.

VIVENCIO (Latín) Viviente.

VIVIANO (Latín) Vital; Viviente (referido a la vida sobrenatural).

VLAD (Galés) Príncipe.

VLADIMIR (Eslavo) Señor del mundo; Príncipe de la paz. *Vladmir, Vladimyr, Vladamir, Vlad, Bladimir, Vladimiro.*

VLADISLAV (Eslavo) El gobernante glorioso. *Vlas.*

WADE (Inglés) El que cruza el río. *Whaid, Waid, Wadi, Wad.*

WAGNER (Germano) Conductor del carro; El que encabeza a un ejército. *Waggoner, Wagoner.*

WALBERTO (Germano) Con poder sobrenatural; El que permanece en el poder.

WALDEMAR (Germano) El gobernante poderoso del mar; Famoso por su audacia; Insigne; Luchador famoso. *Valdemar.*

WALDO (Germano) Espíritu audaz; Valle boscoso. *Valdo.*

WALLACE (Inglés) Que proviene de Galés. *Wallach, Wallas, Wallie, Wallis, Wally, Walsh, Welch, Welsh.*

WALLY (Anglosajón) Extranjero; Usado para los nativos de Galés. *Wali, Walie.*

WALT (Germano) Caudillo del ejército; Hombre que vive en el bosque. *Walti, Walter, Walty.*

WALTER (Germano) El que gobierna el ejército; Caudillo del ejército. *Walther, Valter, Gualberto, Gaultier, Gauthier, Gautier, Gualterio, Gualtiero, Valter, Valther, Walder, Wally, Walt, Walther, Wat, Watkins.*

WENCESLAO (Eslavo) El lleno de gloria. *Venceslao, Vences, Vlacheslav, Vyachaslav, Wences, Vyacheslav, Wenceslas, Wenczeslaw, Wenzel, Wiencyslaw.*

WILBERTO (Germano) Don de la palabra.

WILFREDO (Germano) Rey pacífico; Pacificador decidido; Amigo voluntarioso. *Wilfrido, Wilfrid, Wilfried, Wilfryd, Will, Willfred, Willfrid, Willfried, Willfryd.*

WILLIAM (Inglés) El que protege a cualquiera sobre su vida. *Bill, Bille, Billi, Billie, Billy, Guglielmo, Guillaume, Guillermo, Liam, Vilhelm, Vili, Villem, Villiam, Wilaim, Wilek, Wiley, Wilhelm, Wilhelmus, Wilkes, Wilkie, Wilkinson, Will, Willam, Willem, Willhelmus, Willi, Williams, Williamson, Willie, Willis, Willkie, Wills, Willson, Willy, Wilmer, Wilmot, Wilmott, Wilson, Wim.*

WISEN (Alemán) Trigo.

WOLF (Alemán) Lobo. *Wolfy, Wolff.*

WOLFGANG (Germano) Paso de lobo; Hombre que sigue el camino del bien. *Wolfgangs.*

WYATT (Francés) El pequeño guerrero. *Wytt, Wye, Wyat, Wiatt.*

XAVIER (Vasco) Casa nueva; Brillante. *Javier, Saviero, Savion, Savyon, Xabier, Xaiver, Xaver, Xavian, Xaviar, Xaviell, Xavior, Xavon, Xayvion, Xever, Zavier.*

XCHEL (Maya) Curandero.

XENOCLES (Griego) El extranjero famoso.

XENOPHON (Griego) Aquel que tiene voz extraña. *Zennie, Xeno.*

XENOS (Griego) Invitado; Extranjero. *Zenos.*

XERXES (Persa) Gobernante; En historia fue un gobernante persa derrotado por Esparta. *Zerk.*

XIANG (Chino) Fragancia.

XICOTENCATL (Azteca) Orilla de los abejorros.

XILANDRO (Griego) El que cala maderas.

XIPE (Maya) Protege la cosecha.

XOXU (Tolteca) N.U. El que ve de noche.

XYLON (Griego) Bosque.

YADID (Hebreo) El amado amigo. *Yedid.*

YADON (Hebreo) El juzgará. *Yadun, Yadin.*

YAFEU (Africano) El atrevido.

YAFTE (Árabe) Libertador de oprimidos.

YAGIL (Hebreo) Regocijo.

YAGUATÍ (Guaraní) Leopardo.

YAHTO (Nativo Americano) Azul.

YAIR (Hebreo) Dios te enseñará. *Yahir.*

YAKIN (Maya) Audaz; listo.

YANA (Nativo Americano) N.U. Oso.

YAO (Africano) Aquel que nació el día jueves.

YARB (Gitano) Hierba.

YARDAN (Árabe) El rey.

YARDLEY (Inglés viejo) La pradera cercada. *Yardlee, Yardlea, Yardleigh, Yardly, Yarley, Yeardley.*

YAROM (Hebreo) El que está en constante crecimiento.

YARON (Hebreo) El que canta o grita. *Yairon, Jaron.*

YAROSLAO (Eslavo) El que tiene la gloria divina.

YASASHIKU (Japonés) El que es muy amable y político.

YASH (Hindú) Gloria y victoria.

YASHWANT (Hindú) Gloria.

YASIN (Árabe) El profeta. *Yazen, Yassin, Yasine.*

YASIR (Afgano) Aquel que es prudente. *Yashar, Yaser, Yasar.*

YASUO (Japonés) Pacífico; Descanso.

YATES (Inglés) Puerta. *Yeats.*

YAVIN (Hebreo) El que siempre entiende. *Jabin.*

YAWO (Africano) El que nació el día jueves.

YAZID (Árabe) Inteligente; Poderoso. *Yazide.*

YECHIEL (Hebreo) Dios está vivo.

YEHU (Hebreo) El que predica contra la maldad.

YEHUDÍ (Hebreo) Hombre de Dios. *Judah, Yechudi, Yechudit, Yehuda, Yehudah, Yehudit.*

YEO (Coreano) Apacible.

YEOMAN (Inglés) El atento. *Youman, Yoeman.*

YERAY (Canario) Grande.

YERIK (Ruso) Elegido por Dios.

YERVANT (Armenio) Gobernante; Rey.

YESTIN (Galés) El que es justo.

YNGVE (Sueco) Maestro; Ancestro.

YO (Campoyano) Aquel que es honesto.

YOGI (Sánscrito) Que practica yoga.

YONG (Chino) Hombre que tiene mucho coraje.

YOOFI (Africano) Aquel que nació el día viernes.

YOOKU (Africano) Aquel que nació el día miércoles.

YORAM (Hebreo) Nuestro Dios que yace en las alturas.

YORK (Inglés) Lugar de jabalíes. *Yorick, Yorrick, Yorke, Yorkie.*

YORKOO (Africano) Aquel que nació el día jueves.

YOSEF (Hebreo) Dios añade.

YOSHI (Japonés) N.U. El respetado; Hijo adoptado.

YOUNG (Inglés) Joven. *Yung.*

YSMAEL (Hebreo) Al que Dios escucha. *Ismael, Ishmael, Ismail, Ysmail.*

YU (Chino) Universo.

YUKI (Japonés) Con suerte; Nieve. *Yuqui, Yuuki, Yukio, Yukiko.*

YUL (Mongol) Detrás del horizonte.

YULE (Inglés) Aquel que nació en Navidad.

YULI (Vasco) Aquel que está lleno de juventud.

YUMA (Nativo Americano) Hijo del jefe.

YURI (Griego) Dios de la luz; Nacido en Uria; Lirio. *Yusha, Yury, Yurri, Yurko, Yurik, Yurij, Yuril, Yuric, Yure, Youri, Yura, Yehor.*

YUVAL (Hebreo) Regocijo.

YVES (Eslavo) El perfecto arquero. *Evo, Ivar, Ives, Ivo, Yvo, Yvon.*

ZACARIAS (Hebreo) Dios se acuerda. *Zacaría, Zacaríah, Zacary, Zaccaria, Zaccariah, Zaccheus, Zach, Zachaios, Zacharia, Zacharias, Zacharie, Zachary, Zacherish, Zachery, Zacheus, Zack, Zackariah, Zackerias, Zackery, Zackie, Zak, Zakarias, Zakarie, Zakariyyah, Zakery, Zechariah, Zecheriah, Zekariah, Zeke, Zekeriah.*

ZACHARY (Hebreo) Recordado por Dios. *Zacarias, Zaccary, Zaccery, Zach, Zacharie, Zachery, Zack, Zackarey, Zackary, Zackery, Zak, Zakari, Zakary.*

ZADORDIN (Vasco) Saturno.

ZAHIR (Árabe) El visitante. *Zair, Zaheer, Zahur, Zayyir.*

ZAHUR (Suahili) Flor. *Zahour, Zahoor.*

ZAID (Hebreo) En constante evolución. *Zahid.*

ZAKI (Árabe) Pureza; Brillo. *Zakki, Zakie, Zakia.*

ZALE (Griego) Fuerza de mar. *Zayle.*

ZALMAN (Hebreo) Silencioso.

ZAMIR (Hebreo) Musical; Canción. *Zamer.*

ZAN (Italiano) Nube. *Zhan, Zannie, Zanny, Zann.*

ZAQUEO (Hebreo) Puro.

ZAREB (Africano) El protector.

ZARIF (Árabe) El victorioso.   *Zaffar, Zafer, Zafar.*

ZAYIT (Hebreo) Olivo.

ZEBEDEO (Hebreo) El Señor ha dado. *Zebediah.*

ZEBULON (Hebreo) Aquel que es honrado. *Zebulún, Zebulín, Zebulén, Zebulán, Zeb.*

ZEDEKIAH (Hebreo) Dios es todopoderoso y justo. *Zedikiah, Zedechiah, Zed.*

ZEEMAN (Holandés) El marinero.

ZEEV (Hebreo) Lobo. *Zif, Zeff.*

ZEHEB (Turco) Como el oro.

ZEKI (Turco) Aquel que es hábil e inteligente. *Zeky.*

ZELGAI (Afgano) Corazón.

ZELIMIR (Eslavo) Aquel que tiene deseos pacíficos.

ZEMAR (Afgano) León.

ZEN (Japonés) En religión es una forma de Budismo; Religioso.

ZENO (Griego) En historia fue un gran filósofo griego. *Zinón, Zino, Zenas, Zenán.*

ZENON (Griego) Don de Zeus; El que vive.

ZEPHYR (Griego) N.U. Viento del Oeste. *Zephiro, Zephery, Zeferino, Zephra, Zephira.*

ZERO (Árabe) Vacío.

ZEUS (Griego) En mitología fue un gran jefe de los dioses griegos en el monte Olimpo.

ZHIXIN (Chino) Aquel que es ambicioso. *Zhi, Zhiguan.*

ZIA (Hebreo) Que siempre está en movimiento. *Ziah.*

ZIGOR (Vasco) Castigo o el que está castigado.

ZIMRAAN (Árabe) Premio.

ZINAN (Japonés) El segundo en nacer.

ZION (Hebreo) N.U. En religión es el nombre usado para referirse a la tierra de Israel y al pueblo hebreo. *Tzion, Zyon, Sión.*

ZISKIND (Judío) Aquel dulce niño.

ZIV (Hebreo) Resplandor.

ZIVEN (Eslavo) Aquel que es vivaz y vigoroso. *Ziven, Zivon.*

ZIYAD (Árabe) Que está en constante crecimiento.

ZLATAN (Checo) Oro.

ZOHAR (Hebreo) Luz brillante. *Zohair.*

ZOILO (Griego) El que está lleno de vida.

ZOLTAN (Húngaro) Que da vida.

ZORBA (Griego) N.U. Que vive intensamente cada día.

ZÓSIMO (Griego) El que lucha.

ZOTIKOS (Griego) Santo.

ZUBERI (Suahili) El fuerte.

ZUHAYR (Árabe) Aquel que es reluciente; Brillante. *Zuhair.*

ZURIEL (Hebreo) Dios es mi fortaleza.

Otras Obras de la editorial Aimee SBP™

Un Regalo para el Alma, *José María Ventura.*

El libro original que conmovió y cambió la vida de miles de lectores. Una hermosa colección de historias, anécdotas y pensamientos que te inspirarán y motivarán a alcanzar tus metas (ilustrado). Todos necesitamos de vez en cuando un "empujoncito" para inspirarnos, levantar el ánimo y seguir nuestro camino... Este libro te traerá paz y felicidad en momentos difíciles.

Un Regalo para el Alma 2, *José María Ventura.*

Este segundo libro continúa tu jornada hacia la conquista de tus sueños y metas. Nuevas narraciones, anécdotas y pensamientos que te inspirarán y motivarán a alcanzar tus metas. (Contiene ilustraciones). Incluye clásicos como "El abrazo del oso" y "Desiderata" entre muchos otros.

Un Regalo para el Alma 3, *José María Ventura.*

Tercer libro en la exitosa serie, con más narraciones, anécdotas y pensamientos que te inspirarán y motivarán a alcanzar tus metas. (Contiene ilustraciones). Incluye clásicos como "En vida, hermano en vida" y "Huellas" este libro te motivará y hará reflexionar, y así te llenará de entusiasmo para luchar por conquistar tus sueños.

Pilares de la Excelencia *José María Ventura*

Todos poseemos todo lo necesario para cambiar y mejorar nuestras vidas. Pero el primer paso es estar convencidos de que lo podemos hacer. Este libro te presenta los 10 Pilares de la Excelencia; al conocerlos y ponerlos en práctica, lograrás no sólo el éxito que te propongas, sino que trascenderás hacia la excelencia obteniendo una vida más plena y feliz.

33,000 Nombres para Bebé

Compendio de los nombres más populares. Descubra el origen y significado de más de 33,000 nombres de origen Italiano, Latín, Hebreo, Griego, Germano, Árabe, Inglés, Castellano, Francés; así como nombres menos comunes de origen Maya, Tarasco, Inca, Azteca y Náhuatl.

Nuevo Diccionario de los Sueños

Todos recibimos mensajes en nuestros sueños, estos mensajes nos ayudan a tomar decisiones, nos previenen de situaciones negativas o peligrosas y nos comunican mensajes divinos. Este es un libro práctico y completo que le ayudará a interpretar más de 2,000 sueños.

200 Poemas de Amor
Colección de oro de los más famosos autores

Una selección de las más bellas poesías de amor de todos los tiempos. Incluye poemas de: Pablo Neruda, Amado Nervo, Rubén Darío, Gabriela Mistral, Gustavo A. Bécquer, Federico García Lorca, Antonio Machado, Mario Benedetti y Juan Ramón Jiménez entre otros.

Mi razón de vivir, *Eduardo Cholula*

Es un libro fabuloso, lleno de inspiración y motivación que te contagia a ser un mejor ser humano. Nos enseña como eliminar la insatisfacción y reemplazarla con la grata sensación de felicidad y autorrealización por medio del conocimiento de uno mismo.

La Misión de los 7 Sabios: Parábolas del Éxito, *Eduardo Cholula*

La Misión de los 7 Sabios es un libro que atrapará tu imaginación, y que no querrás soltar hasta concluir su lectura; logrará cautivarte sembrando en lo más intimo de tu corazón las semillas que germinarán todos tus fantásticos logros. Es un libro lleno de magia que te transportará por el camino que tu quieras elegir, el resto lo tienes que hacer tú. Dios da el alimento, pero nosotros lo tenemos que tomar y digerir, Dios pone agua en el arroyo, pero nosotros tenemos que ir y tomar agua.

Como un hombre piensa, así es su vida, *James Allen*

Esta obra ha sido traducida a más de cincuenta idiomas y ha cambiado la vida de millones de lectores. En ella, el autor plantea la idea de que nuestros pensamientos son las semillas de aquello que más tarde fructificará en nuestras vidas. Este libro ha influenciado e inspirado poderosamente a un sinnúmero de escritores y motivadores famosos, entre ellos: Norman Vincent Peale, Brian Tracy, Mark Victor Hansen, Denis Waitley, Anthony Robbins y Og Mandino. Este libro es una joya de ética, virtud y responsabilidad personal.

De la Pobreza a la Riqueza, *James Allen*

Deja por un momento toda concepción e idea que tengas acerca de la riqueza como un sinónimo de fortunas, poder e influencia. Al estudiar y poner en práctica los conocimientos y principios que se tratan en este libro, llegarás definitivamente a ganar más dinero y obtener cosas materiales. La diferencia es que no solo tendrás riqueza exterior, sino que tu poder interior, tu serenidad infinita, tu bondad y amor eterno, serán también parte de ti, y eso es lo más importante. ¿Estás listo para experimentar este cambio?

La Ciencia de Hacerse Rico, *Wallace D. Wattles*

Es un libro práctico para conseguir el éxito y la prosperidad en la vida mediante un cambio de actitud y un desarrollo personal. ¿Piensas que la obtención de la riqueza es una ciencia exacta, como las matemáticas y la física? ¿Existen leyes y principios que, si los sigues al pie de la letra, podrán garantizar tu éxito? Y si es así ¿Dónde está la evidencia de todo esto? El autor tiene las respuestas a todas estas preguntas. Si estás listo para abandonar las excusas y comenzar tu jornada hacia la riqueza y la prosperidad, este es el libro que habías estado buscando.

Acres de Diamante, *Russell H. Conwell*

Me sorprende que tanta gente desee escuchar esta historia una y otra vez. De hecho, esta conferencia se ha convertido en un modelo de la psicología moderna y sigue siendo la conferencia más popular que he ofrecido en los cincuenta y siete años de vida pública. Los "Acres de Diamantes" que he mencionado a través de tantos años se encuentran en cualquier país, ciudad o pueblo donde usted viva, y descubrirlos es responsabilidad de cada uno de nosotros. Muchas personas ya los han descubierto, y los éxitos que han logrado aprendiendo y poniendo en práctica estos conocimientos, cualquier otro ser humano lo puede hacer. No he podido encontrar nada mejor para ilustrar mi forma de pensar que esta historia que he narrado, una y otra vez, durante tantos años.

Para información y ventas llame gratis al
(888) 246–3341 (Estados Unidos)
o visite **www.AimeeSBP.com**

Comuníquese también con nosotros si usted quiere
publicar sus libros o audio libros. Gracias.

www.ingramcontent.com/pod-product-compliance
Lightning Source LLC
Chambersburg PA
CBHW070540290526
45790CB00002B/573